A CRIAÇÃO DA CONSTITUIÇÃO

a Convenção da Philadelphia de 1787 e a formação dos Estados Unidos da América

CONTRACORRENTE

Max Farrand

A CRIAÇÃO DA CONSTITUIÇÃO

a Convenção da Philadelphia de 1787 e a formação dos Estados Unidos da América

Tradução de Bruno Santos Cunha e
Lucas Pieczarcka Guedes Pinto

SÃO PAULO
2023

CONTRACORRENTE

Alameda Itu, 852 | 1º andar |
CEP 01421 002
www.loja-editoracontracorrente.com.br
contato@editoracontracorrente.com.br

EDITORES
Camila Almeida Janela Valim
Gustavo Marinho de Carvalho
Rafael Valim
Walfrido Warde
Silvio Almeida

EQUIPE EDITORIAL
COORDENAÇÃO DE PROJETO: Juliana Daglio
PREPARAÇÃO DE TEXTO E REVISÃO: Amanda Dorth
REVISÃO TÉCNICA: Douglas Magalhães e Ayla Cardoso
DIAGRAMAÇÃO: Pablo Madeira
CAPA: Marina Avila

EQUIPE DE APOIO
Fabiana Celli
Carla Vasconcellos
Valéria Pucci
Regina Gomes
Nathalia Oliveira

Dados Internacionais de Catalogação na Publicação (CIP)
(Câmara Brasileira do Livro, SP, Brasil)

Farrand, Max, 1869-1945
A criação da Constituição : a Convenção da Philadelphia de 1787 e a formação dos Estados Unidos da América / Max Farrand ; tradução Bruno Santos Cunha, Lucas Pieczarcka Guedes Pinto. -- 1. ed. -- São Paulo : Editora Contracorrente, 2023.

Título original: The Framing of the Constitution of the United States.
Bibliografia.
ISBN 978-65-5396-087-9

1. Estados Unidos. Constituição 2. Estados Unidos. Convenção Constitucional (1787) 3. Estados Unidos - História constitucional. I. Título.

23-142649 CDD-342.7302

Índices para catálogo sistemático:
1. Estados Unidos : Constituição : Direito 342.7302
Aline Graziele Benitez - Bibliotecária - CRB-1/3129

@editoracontracorrente
Editora Contracorrente
@ContraEditora

SUMÁRIO

APRESENTAÇÃO DOS TRADUTORES

Os traços gerais da história dos eventos políticos, econômicos e sociais que culminaram na Convenção Constitucional da Philadelphia em 1787 e na Constituição dos Estados Unidos da América são relativamente bem conhecidos no Brasil. Sobretudo no campo das ciências jurídicas e sociais, o curso dos acontecimentos nas colônias britânicas da América do Norte, durante a segunda metade do século XVIII, é estudado na esteira de um movimento constitucionalista mundial mais amplo que tomava forma à época e que englobava, também, movimentos revolucionários ocorridos anteriormente na Inglaterra e, quase que simultaneamente, na França.

Em que pese a atenção dada a esses movimentos revolucionários (e constitucionalistas) como um todo – e a suas diretrizes centrais de organização social em torno da figura de um Estado soberano, com a elaboração de regras básicas para regular a estrutura do próprio Estado, do Governo e das interações entre governantes e governados, com a consequente limitação da autoridade dos governantes –, é de se notar que os grandes acontecimentos do constitucionalismo norte-americano acabam sendo debatidos e estudados, no Brasil, a partir de uma visão notadamente panorâmica e não aprofundada. O nascimento daquela que pode ser vista como a Constituição mais longeva e influente dos últimos séculos acaba sendo tratado dentro de um movimento maior e, como tal, as intrincadas relações de poder então em questão acabam por não receber uma análise mais minuciosa.

É diante desse quadro, pois, que o presente livro se coloca. Em outras palavras, a ideia de trazer ao Brasil uma das obras seminais de *Max Farrand* decorre do objetivo de oferecer ao público um exame acurado daquele que pode ser visto como o grande ponto de inflexão no constitucionalismo norte-americano: o verão de 1787 na Philadelphia e a Convenção Constitucional que lá ocorreu.

O motivo da escolha da obra de *Farrand* é deveras simples. Nenhum estudioso ou pesquisador, em toda a história dos Estados Unidos da América, debruçou-se com mais afinco sobre os bastidores da elaboração da Constituição e sobre o que de fato ocorreu no *Independence Hall*, dentro da *Pennsylvania State House*, naquele quente verão de 1787. Professor em diversas Universidades consagradas nos Estados Unidos (dentre elas Stanford, Cornell e Yale) e Presidente da *American Historical Association*, a maior e mais antiga organização do gênero no mundo, *Farrand* tem como sua obra-prima o clássico *The Records of the Federal Convention of 1787.* Uma das grandes obras acadêmicas do século XX, os *Records* foram editados por *Farrand* em 1911, em 3 volumes, sobretudo a partir das notas de James Madison durante a Convenção em 1787,[1] e fornecem, em primeira mão, um retrato dos debates ocorridos na Philadelphia. A obra continua a ser, até hoje, a melhor fonte de consulta para as discussões acerca da elaboração da Constituição americana.

O trabalho de *Farrand* desmistifica algo que, no senso comum, costuma ser tratado sob uma aura quase mítica. Em outras

---

1 Os volumes incluem, também, notas e cartas de outros participantes da Convenção, assim como os diversos Planos propostos durante a reunião de 1787 na Philadelphia.

palavras, um milagre operado por seres iluminados na criação de uma nova forma de convívio social.[2] O mérito do livro reside justamente na desconstrução de tal dogma. Em que pese o notável valor intrínseco do produto da Convenção e de seus membros, é necessário entender que a Constituição resultou do trabalho de uma elite intelectual e econômica que, por meio de tratativas políticas e de concessões mútuas, lidava, à época, com problemas práticos que reivindicavam solução. Como dito por *Farrand*, "nem uma obra de origem divina, nem a maior obra que já foi realizada em um determinado momento pelo cérebro e propósito humanos, mas um documento prático e viável é a Constituição dos Estados Unidos".

O livro que ora se apresenta, com o título original de *The Framing of the Constitution of the United States*, pode ser visto como um dos grandes frutos do trabalho de *Farrand* na compilação, organização e sistematização dos materiais coletados para sua obra-prima acima descrita. De fato, toda a *expertise* adquirida pelo autor com a edição dos *Records* foi vertida em um texto conciso no presente livro. Ainda que breve, a presente obra tem o mérito de sintetizar, de forma direta e objetiva, os embates políticos e jurídicos que fundamentaram as escolhas dos delegados durante a Convenção que levou ao mundo a Constituição mais influente de todos os tempos.

É de se mencionar, também, o caráter atemporal do trabalho de *Farrand*. Assim, a despeito de ter sido publicada originalmente em 1913, a obra mantém sua relevância no debate histórico, político e jurídico até os dias atuais, e isso justamente pelo fato de apresentar ao leitor um relato preciso e cronologicamente concatenado dos eventos ocorridos naquele verão de 1787. Espera-se, com sua versão em língua portuguesa, prestigiar o público brasileiro

2 Há relatos de que Thomas Jefferson, à época em missão diplomática em Paris, ao tomar conhecimento da nominata dos presentes à Convenção, relatou o que segue em carta a John Adams: "é realmente uma assembleia de semideuses".

com uma cuidadosa apresentação dos eventos da Convenção da Philadelphia e dos detalhes da elaboração da Constituição dos Estados Unidos da América.

BRUNO SANTOS CUNHA
LUCAS PIECZARCKA GUEDES PINTO

APRESENTAÇÃO DA EDIÇÃO BRASILEIRA

Os Doutores Lucas Pieczarcka Guedes Pinto e Bruno Santos Cunha pediram-me que fizesse uma breve apresentação da tradução da obra de Max Farrand *A criação da Constituição*. Verifico que essa tradução já tem apresentação, nota dos tradutores, prefácio à edição brasileira e prefácio à obra original do autor do livro. Faço essa observação preliminar para dizer que em todos esses textos já se verificou percuciente análise do texto. Cabe-me, assim, revelar a importância da obra e a oportunidade de tradução. Trazer ao conhecimento dos brasileiros, em idioma nacional, o conteúdo desse trabalho é de fundamental importância para compreensão da Constituição Americana de 1787. Isto porque ela traz antes mesmo da Revolução Francesa de 1789 os princípios referentes aos direitos individuais e à separação de poderes. E, especialmente, a partilha do poder sob o ângulo territorial já que instituiu uma Federação corporificadora de uma aliança indissolúvel entre os Estados que se uniram na América do Norte. Passou, portanto, de uma Confederação, que é a aliança de Estados soberanos, estabelecida por meio de tratado, para um único Estado. No particular, os Estados Unidos da América do Norte. Verifica-se, desde já, que é diferente essa formação federativa daquela brasileira, nascida em 15 de novembro de 1889, quando se proclamou a República e decretou-se a Federação como forma de Estado. Lá o movimento foi centrípeto, aqui foi centrífugo. Ou seja: lá os Estados eram soberanos e foram reunificados debaixo de uma única Constituição; aqui o Estado era unitário e o ato normativo, Decreto n. 1 de 1889, é que transformou as províncias em Estados federados. A obra traduzida faz histórico de momentos importantes da Convenção da Philadelphia comentando a respeito dos vários momentos em que se deu o trabalho constituinte. Nossas Constituições, desde a primeira de 1891, seguiram padrões estabelecidos por aquela constituinte norte-americana. É verdade que a Constituição americana é principiológica, de poucos artigos, o que permite margem discricionária maior para o Legislativo e para o Judiciário; a nossa, de 1988 é detalhista, pormenorizada, que diminui a discrição do legislador ordinário e do Judiciário já que tudo está praticamente definido literalmente no Texto Constitucional. Mas os princípios regentes da nossa Constituição, como a separação de poderes, os direitos individuais, os direitos liberais como a iniciativa privada e propriedade e os direitos sociais se inspiram nos mesmos preceitos previstos naquela longeva norte-americana de 1787. Conhecê-los por meio desta tradução ajuda a ilustrar os estudos daqueles que se dedicam ao Direito Constitucional. Daí a importância, e como disse no início deste escrito, a oportunidade desta tradução levada a efeito por dois ilustres juristas que me honraram com este convite.

Parabéns aos tradutores e boa leitura a todos.

MICHEL TEMER

Professor de Direito Constitucional

Ex-Presidente da República Federativa do Brasil

Deputado na Assembleia Nacional Constituinte de 1987-88

NOTA DOS TRADUTORES

"Sem tradução eu ficaria limitado às fronteiras de meu próprio país. O tradutor é meu aliado mais importante. Ele me apresenta ao mundo". A já famosa frase atribuída ao escritor italiano Italo Calvino[3] resume com clareza aquele que pode ser visto como o maior propósito de um tradutor: servir como uma ponte para que o conhecimento flua de um universo nacional e/ou linguístico para outros. É com esse espírito, pois, que o livro que você tem em mãos foi traduzido: para apresentar aos leitores de língua portuguesa uma narrativa detalhada e precisa dos procedimentos da Convenção da Philadelphia de 1787, do nascimento da Constituição e, bem assim, da formação dos Estados Unidos da América.

No entanto, nem tudo são flores no ofício de tradução. Não é incomum que o tradutor, em sua atuação, seja permeado por dúvidas que, não raro, envolvem o cerne da matéria tratada no texto, sendo que apenas uma palavra (ou expressão) eventualmente incorreta ou imprecisa pode trazer todo um texto à ruína. E isso é uma verdade insuperável, sobretudo na medida em que a linguagem e, consequentemente, sua interpretação, não podem ser tratadas como ciências exatas.

---

3 A frase, tal qual exposta, foi extraída de uma entrevista de Italo Calvino para o professor, jornalista e escritor Frank MacShane. Em: MCSHANE, Frank. "The fantasy world of Italo Calvino". *The New York Times Magazine*, New York, 10 jul. 1983, p. 23.

De fato, diversas dificuldades e dúvidas foram enfrentadas no trabalho de tradução que ora se apresenta. A despeito de tais entraves, o mote do trabalho dos tradutores foi guiado, do início ao fim, por um mesmo espírito: o de trazer ao leitor, em sua máxima expressão, o estilo da escrita do autor com a máxima clareza e objetividade, ainda que a versão final do texto não viesse a soar como a mais usual para um texto que tivesse sido escrito originalmente em língua portuguesa. É que, em diversas passagens, o texto foi cuidadosamente vertido para o vernáculo com especial atenção aos propósitos que o autor buscava em sua escrita original. E aí reside, pois, a grande mágica da tradução, qual seja, optar por uma ou outra versão do texto com olhos para seu destinatário final: o leitor. E esse foi, também do início ao fim, o objetivo dos tradutores: prestigiar o leitor.

Dentre as opções tomadas durante o trabalho, importa ressaltar a manutenção dos nomes próprios de pessoas, locais e outros eventos em sua versão original na língua inglesa. É que, no ponto, entendemos que a tradução de tais expressões poderia levar a uma perda de sentido em diversas passagens do texto. Notas específicas dos tradutores foram inseridas nos trechos em que o texto do autor utiliza ideias que, a nosso julgamento, exigem ou merecem algum tipo de complementação para seu melhor entendimento (tais notas foram marcadas com "N.T." em seu início).

Esperamos que o trabalho de tradução realizado, com seus erros e acertos, seja capaz de trazer aos leitores da obra em língua portuguesa a mesma satisfação que nos trouxe quando da leitura da versão original em língua inglesa e, mais ainda, quando da própria preparação e revisão da versão traduzida. Eventuais méritos são do autor da obra original; eventuais erros ou imprecisões, por outro lado, são todos da tradução.

BRUNO SANTOS CUNHA
LUCAS PIECZARCKA GUEDES PINTO

PREFÁCIO À EDIÇÃO BRASILEIRA

A cidade da Philadelphia padeceu de um verão inclemente no ano de 1787. Enquanto descansavam à sombra de edificações para se proteger do sol abrasador que castigava as ruas de pedra da velha capital da Pennsylvania, ou quando paravam em uma taverna para se refrescar com a cerveja favorita de Benjamin Franklin, seus moradores estavam obcecados por um único assunto, dominante em quase todas as rodas de prosa: a presença, na cidade, de cerca de cinquenta ilustres líderes políticos de doze dos treze Estados da Confederação, cada qual independente desde o fim da guerra contra os britânicos, em 1781. Dentre os figurões mais notáveis, o próprio George Washington, em carne e osso. Além dele, outros de enorme reputação e legenda, como James Madison, Alexander Hamilton, James Wilson, e, claro, o próprio Franklin, àquela altura o americano mais famoso do mundo.

Sob a presidência do herói Washington, os delegados à Convenção da Filadélfia, escolhidos pelas Assembleias Legislativas de seus respectivos Estados, reuniam-se diariamente no abafadiço paço municipal, a portas fechadas e cortinas cerradas, em sessões interditadas ao público, sem divulgar qualquer boletim dos debates ou atas das deliberações tomadas. A população da

Philadelphia e os americanos bem informados sabiam que esses honoráveis senhores estavam ali reunidos para tentar consertar os Artigos da Confederação, um pacto político firmado logo após a Independência, entre todos os Estados, o qual, todavia, estava se revelando um fracasso no objetivo de manter a harmonia entre eles e de assegurar a segurança e respeitabilidade de todos os seus signatários perante o mundo.

Muitos americanos depositavam grande esperança na Convenção: depois de seis anos de independência, as coisas não iam lá muito bem nas antigas Treze Colônias. Os Estados estavam endividados com o esforço de guerra; Assembleias Legislativas dominadas por populistas e demagogos emitiam moeda sem lastro e cancelavam dívidas privadas; os governos estaduais tinham dificuldade de cobrar impostos e até mesmo uma rebelião violenta de devedores do fisco estourara meses antes no oeste de Massachusetts. Rivalidades, disputas comerciais e territoriais entre os Estados irmãos ameaçavam a necessidade urgente de uma união mais perfeita.

Por outro lado, o sigilo dos encontros e a discrição dos convencionais também despertavam desconfianças. Afinal, todos os representantes enviados à Philadelphia eram homens ricos, educados e poderosos; muitos delegados do Sul eram grandes proprietários de terra e senhores de escravos. O que poderiam eles estar tramando, à sorrelfa, em nome do povo?

Quando os trabalhos se encerraram e a Convenção finalmente apresentou o produto do seu trabalho – a proposta de uma nova Constituição – a dubiedade dessas atitudes ficou evidente. Muitos celebravam a habilidade política dos convencionais em obter consenso entre tantos interesses divergentes, para criar um novo governo nacional, necessário e urgente. Já os céticos pareciam confirmar suas suspeitas: aqueles homens refinados de ares aristocráticos, agindo em evidente exação a seus mandatos, queriam rasgar os Artigos da Confederação e substituí-los por um inaudito e estranho governo federal, com competências administrativas, legislativas e judiciais, um verdadeiro "monstro de três cabeças", vocacionado a repetir a tirania da coroa britânica, a duras penas rechaçada.

Ninguém condensou melhor essas tensões e contradições da Convenção da Filadélfia do que Max Farrand. Ele foi, sem dúvida, o primeiro grande acadêmico norte-americano a examinar metodicamente, com as modernas técnicas de pesquisa historiográfica, as fontes primárias da Convenção, em especial os registros pessoais de James Madison sobre cada uma das reuniões ocorridas naquele verão de 1787.

Sua obra, que agora temos a oportunidade de ler em nossa adorável língua, é um clássico insuperável da história constitucional dos EUA. O grande mérito do trabalho de Farrand – para além do profundo e até então inaudito esforço de investigação científica a que se dedicou durante anos – consiste em apresentar, com grande clareza e impressionante poder de síntese, os dramas postos à mesa dos convencionais que formularam a mais célebre e influente Constituição da era moderna.

Max Farrand nasceu em 1869, na cidade de Newark, estado de New Jersey. Pertenceu a uma geração que cresceu durante a Reconstrução pós-Guerra Civil, profundamente influenciada pela necessidade de revisitar a identidade nacional depois do quase colapso da União. Doutor em História por Princeton em 1896, ao longo de sua produtiva vida acadêmica lecionou nas prestigiosas universidades de Stanford, Cornell e Yale. Faleceu em 1945, aos setenta e seis anos de idade, na cidade de Bar Harbor, estado do Maine.

Além do acesso a essa obra fundamental do constitucionalismo americano, o leitor brasileiro é brindado ainda com tradução irretocável de Bruno Santos Cunha e Lucas Pieczarcka Guedes Pinto, cuja fidelidade à pena do autor é inconteste, sem prejuízo da própria graça estilística, não raro ignorada em traduções jurídicas. Certamente contribuiu para o sucesso da empreitada o vasto conhecimento da história constitucional americana que os tradutores ostentam. A propósito, os méritos pela publicação também podem ser atribuídos aos tradutores, que sugeriram a versão em português a esta prestigiosa casa editorial, igualmente merecedora de aplausos, por bancar a iniciativa.

Em resumo, este é, obrigatoriamente, um volume que deve constar na biblioteca de todo constitucionalista.

CÁSSIO CASAGRANDE
Doutor em Ciência Política. Professor de Direito Constitucional da UFF.

PREFÁCIO À OBRA ORIGINAL

Por mais de dez anos, o autor tem se empenhado em coletar e editar o material disponível sobre o trabalho da Convenção que elaborou a Constituição dos Estados Unidos. A compilação de textos é cansativa e, no mais das vezes, uma tarefa meramente mecânica, mas o processo torna o editor mais ou menos familiarizado com o conteúdo dos documentos. No presente caso, a forma como a Constituição foi elaborada exigia não apenas um conhecimento geral dos procedimentos da Convenção, mas sim de seu dia a dia, e exigia familiaridade com as ideias e as expressões de seus membros individuais. Quando a isso foi adicionado o conhecimento sobre as personalidades dos delegados mais importantes, formou-se uma imagem da Convenção que resultou em uma convicção acerca do que os delegados estavam tentando fazer e do que eles efetivamente fizeram.

Não é com a ideia de tentar descobrir a história final da formação da Constituição que o presente livro é escrito. Se há alguma verdade na definição epigramática de que "a história é política passada", é igualmente verdade que, no caso de uma instituição ainda existente, a história também é política presente. Enquanto permanecer como o instrumento por meio do qual o governo dos

Estados Unidos é conduzido, é duvidoso que qualquer um, pelo menos qualquer americano, possa um dia escrever uma palavra final sobre a elaboração de nossa Constituição.

Tampouco se pretende trazer uma história completa. Mas uma breve apresentação da interpretação pessoal do autor sobre o que aconteceu na Convenção Federal. Apenas um esboço, cujos detalhes cada estudante deve preencher de acordo com suas próprias necessidades.

O presente livro é baseado em outro trabalho do mesmo autor já referido anteriormente e por ele mesmo editado: *The Records of the Federal Convention* (*New Haven, Yale University Press, 1911. 3 vols.*). Na escrita do presente livro quase nada mais foi utilizado. *The Records of the Federal Convention* é organizado de forma a tornar a maioria das citações facilmente encontradas e, portanto, com poucas exceções, todas as referências de notas de rodapé foram aqui omitidas.

Durante os anos em que o trabalho de edição e redação esteve em progresso, o autor apresentou o tema para estudo em turmas de graduação e pós-graduação em diferentes instituições. Aos membros dessas turmas que suportaram a exploração de suas estimadas teorias e ideias, que sugeriram novos pontos de vista e que o estimularam em seus melhores esforços, o autor gostaria de externar seu agradecimento.

O Sr. E. Byrne Hackett, na qualidade de gerente da *Yale University Press*, demonstrou o maior interesse pela composição mecânica deste livro. De forma pessoal e puramente amigável, ele também leu todo o manuscrito e fez sugestões que resultaram em seu aprimoramento. Por sua cooperação o autor agradece profundamente.

MAX FARRAND

CAPÍTULO I

A CONVOCAÇÃO DA CONVENÇÃO FEDERAL

O governo democrático estava sob julgamento perante o mundo. Treze colônias britânicas estabeleceram e afirmaram sua independência ao declararem que a forma de governo sob a qual viviam era ofensiva a seus "direitos inalienáveis" de "vida, liberdade e busca da felicidade". Cada uma das colônias havia estabelecido um governo próprio e, juntas, formaram uma união dos "Estados Unidos da América" por meio de certos Artigos da Confederação. Os governos estaduais individuais se mostravam bastante satisfatórios, mas a Confederação não. Sua inadequação tornava-se cada vez mais evidente à medida que a guerra pela independência continuava e a tensão da luta ficava mais difícil de suportar. Enquanto a guerra estava em andamento, os Estados se mantiveram unidos por pura necessidade; mas, assim que a guerra acabou, os interesses de cada um dos Estados falavam mais alto e a União corria perigo de desintegração. Os treze Estados Unidos da América haviam renunciado à aliança com a Grã-Bretanha porque ela não os governava bem e agora parecia que não eram capazes de governar a si próprios. Se o povo dos Estados Unidos quisesse provar seu direito de "assumir, entre os poderes da terra, a posição separada e igual que as Leis

Naturais e do Deus da Natureza lhes conferia", eles deveriam se mostrar capazes de estabelecer e manter um governo eficiente. Para se justificar perante o mundo e para se justificar aos seus próprios olhos, uma União efetiva era essencial.

Os Artigos da Confederação representaram a primeira experiência de um governo único por parte dos Estados recém-independentes. Quando o Congresso Continental, em junho de 1776, nomeou uma comissão para redação de uma Declaração de Independência, também nomeou outra para preparar uma "fórmula de confederação", sendo que essa última comissão concluiu seu relatório logo após a Declaração de Independência ser adotada. A dificuldade de estabelecer uma união pode ser inferida do fato de que o plano apresentado pela comissão foi objeto de discussão incessante no Congresso por mais de um ano e, quando sua versão final foi encaminhada aos Estados para ratificação, mais de três anos se passaram antes que a aprovação de todos fosse alcançada. Embora os Artigos da Confederação não estivessem formalmente em vigor até 1781, o Congresso Continental operava de acordo com o procedimento nele disposto, de modo que a experiência da Confederação se estendeu por mais tempo do que as datas oficiais indicam, tendo sido iniciada de fato com o estabelecimento de Independência.

O único órgão central do governo recém-estabelecido era um Congresso que bem poderia ter sido denominado Congresso de Estados: nele todos os Estados estavam em pé de igualdade, cada um com um único voto, e a delegação de cada Estado era composta por não menos de dois e não mais de sete membros, que eram indicados anualmente da maneira que o legislador de cada Estado ordenasse, sendo mantidos às custas de seus respectivos Estados e estando sujeitos à destituição a qualquer momento. Ao Congresso, assim constituído, foram concedidos poderes bastante amplos, mas com duas limitações consideráveis: nenhum dos poderes mais importantes poderia ser exercido "a menos que nove Estados concordassem", o que equivalia à exigência de uma votação de dois terços; e, quando uma decisão fosse alcançada, nada havia que obrigasse os Estados ao seu cumprimento, exceto uma mera declaração nos Artigos da Confederação de que "todo Estado obedecerá às determinações dos Estados Unidos no Congresso reunidos". Não havia um Poder Executivo além das comissões que o Congresso poderia estabelecer para trabalhar sob sua própria direção, e os únicos tribunais federais eram aqueles que o Congresso poderia instaurar para o julgamento de casos de pirataria, crimes em alto mar e para dirimir questões relativas a espólios de guerra.

Sob tais condições, as decisões do Congresso eram pouco mais do que meras recomendações. Isso foi amplamente demonstrado na importante questão de obtenção de recursos financeiros. Os Artigos previam que o tesouro nacional deveria "ser abastecido pelos diversos Estados na proporção do valor de todas as terras em cada um deles, outorgadas ou vistoriadas por qualquer pessoa". O Congresso deveria determinar a quantidade de dinheiro necessária e alocar a cada Estado sua cota-parte. E assim o fez, mas os Estados honravam suas contribuições exatamente na medida em que cada um considerava adequado, e o Congresso não tinha poder nem direito de exigir os repasses. E qual foi o resultado disso? Se julgarmos pelas queixas apresentadas, era mais lucrativo desobedecer do que obedecer. Na extrema dificuldade financeira a que se encontrava reduzido, o Congresso aproveitava a falta de informações acerca do valor das terras para fazer verdadeiros malabarismos com as estimativas, sobretudo a fim de exigir mais dos Estados que se mostravam mais dispostos a pagar.

A situação financeira era tão grave que no início de 1781, antes mesmo que os Artigos da Confederação fossem finalmente ratificados, o Congresso havia proposto aos Estados uma emenda autorizando a cobrança de um imposto de cinco por cento sobre as importações e sobre as mercadorias objeto de espólio de guerra. A emenda foi aprovada por doze Estados. Mas outra fraqueza da Confederação fora então revelada, eis que os Artigos só poderiam ser alterados com o consentimento de todos os treze

Estados. A recusa de Rhode Island foi suficiente para bloquear uma medida aprovada pelos outros doze. Em 1783, o Congresso fez outra tentativa de obter receitas ao solicitar autorização para cobrar certas taxas por vinte e cinco anos, recomendando pelo mesmo período de vinte e cinco anos que os Estados deveriam contribuir na proporção de U$ 1.500.000 anualmente, sendo que a base para o rateio desse montante mudaria dos valores das terras para a quantidade de população, na qual os escravos seriam contados à proporção de três quintos. Em três anos, apenas nove dos Estados haviam dado seu consentimento e alguns deles o fizeram de uma forma que a eficácia do plano restava embaraçada. Essa era, no entanto, a única solução à vista para alívio financeiro, e em 1786 o Congresso fez um apelo especial para que os Estados restantes agissem. Antes do final do ano, todos os Estados haviam respondido, com exceção de New York. Mais uma vez, a inação de um único Estado impedia, na prática, a vontade de todos os outros.

As questões comerciais estavam intrinsecamente associadas às financeiras e, na ocasião, tinham igual importância. Em 1784, o Congresso fez um apelo aos Estados no qual dizia:

> A situação atual do comércio reclama a atenção dos vários Estados e poucos objetos de maior importância podem ser trazidos para debate. A riqueza de cada cidadão depende do sucesso de seu comércio; é que o comércio é fonte constante de riqueza e de incentivo aos negócios; e o valor de nossa produção e de nossas terras há de aumentar ou diminuir em proporção à prosperidade ou ao estado adverso do comércio.

O povo dos Estados Unidos parecia surpreso e até mesmo ressentido com o fato de que a independência política teria implicado sua exclusão do sistema colonial britânico. Enquanto colonos britânicos, eles haviam protestado contra as restrições dos Atos de Navegação,[4] mas consideraram os Atos ainda mais nefastos quando aplicados contra eles próprios na condição de estrangeiros. O comércio se ajustava às novas condições e buscava novos fluxos, mas até que se desenvolvesse o suficiente para se fazer sentir, a única política possível, segundo as concepções vigentes à época, era a retaliação. O objetivo da retaliação era forçar outros países, e a Grã-Bretanha em particular, a fazer concessões em favor dos Estados Unidos. Foi com esse propósito que o Congresso apelou aos Estados em 1784. Solicitou-se autorização, apenas pelo prazo de quinze anos, para a edição de um Ato de Navegação próprio. Todos os Estados responderam, mas com tantas considerações e condições conflitantes que a tentativa resultou em novo fracasso.

Na pendência da autorização para que o Congresso regulamentasse as questões comerciais, os Estados agiram individualmente. Uma política uniforme era necessária e, embora se pretendesse agir em uníssono para atingir um objetivo comum desejado, é evidente que motivos egoísticos frequentemente ditavam o que era feito. Qualquer Estado que gozasse de condições superiores a um Estado vizinho tirava vantagem desse fato. Alguns dos Estados, como descreveu James Madison,

> não tendo portos convenientes para o comércio exterior, estavam sujeitos à tributação por seus vizinhos, por meio de cujos portos o comércio era realizado. New Jersey, situado entre a Philadelphia e New York, foi comparado a um barril achatado em ambas as extremidades; e North Carolina, entre a Virginia e South Carolina, a um paciente sangrando em ambos os braços.

---

4 N.T. Os chamados "Atos de Navegação", originalmente conhecidos como *Acts of Trade and Navigation*, representam uma série de leis britânicas editadas entre os séculos XVII e XIX cujo objetivo principal era regular os navios, o transporte e o comércio entre as colônias britânicas e o restante do mundo. Em síntese, a ideia dos britânicos era restringir o uso de navios estrangeiros no comércio entre suas colônias e países rivais.

Os americanos eram um povo agrícola e comerciante. A interferência nas vias arteriais de comércio estancava o sangue vital da nação, sendo que algo precisava ser feito. Os Artigos da Confederação não forneciam um remédio, e era evidente que as emendas a esse documento, caso apresentadas em seu procedimento ordinário, provavelmente não teriam qualquer sucesso. Outro método procedimental era necessário e um caminho promissor já havia sido aberto.

Virginia e Maryland chegaram a um acordo sobre a navegação na Baía de Chesapeake e em algumas de suas águas tributárias.[5] Esses dois Estados solicitaram a cooperação da Pennsylvania e de Delaware. Todo esse processo era nitidamente inconstitucional, eis que os Artigos da Confederação especificavam que tais acordos deveriam ter o consentimento do Congresso, e isso não havia sido obtido. Mas, sendo ilegal ou não, parecia uma forma eficaz de atuação, e em 1786 foi experimentada em maior escala. No início daquele ano, a Virginia nomeou comissários "para se reunir com os comissários que venham a ser nomeados nos outros Estados da União, em data e local a serem acordados, e discutir o comércio dos Estados Unidos". Essa proposta de uma Convenção geral sobre comércio aparentava ter aprovação, e os comissários da Virginia, entre eles James Madison e Edmund Randolph, escolheram Annapolis e a primeira segunda-feira de setembro de 1786 como o local e a data para tal.

Apesar da situação aparentemente favorável, apenas cinco Estados estavam representados quando chegada a data da Convenção. Pelo menos quatro outros Estados nomearam comissários, mas seus representantes não haviam chegado. Com um número tão baixo de presentes a Convenção ficava impossibilitada de cumprir com o seu propósito; mas com a acolhida da opinião pública, os

---

5 N.T. A Baía de Chesapeake (em inglês *Chesapeake Bay*) é um importante corredor de navegação e o maior estuário nos Estados Unidos, estando cercada pelos Estados de Maryland e de Virginia e desembocando no Oceano Atlântico.

comissários não hesitaram em recomendar a convocação de outra Convenção de alcance ainda mais amplo. O representante francês no país havia escrito para o seu governo, o que foi prontamente vazado aos comissários eleitos, dizendo que não havia expectativa e nem intenção de que algo fosse feito pela Convenção, além de preparar o caminho para uma reunião futura e, mais do que isso, que o relatório havia sido finalizado de forma antecipada antes que Estados suficientes tivessem representados.

Alexander Hamilton era o grande interessado em todo esse movimento por melhores condições; ele teve um papel importante na Convenção sobre o comércio em Annapolis e supostamente redigiu seu relatório. Quer haja ou não alguma verdade na afirmação acima, de que Hamilton entendeu melhor ocultar seus propósitos, não há dúvida de que a Convenção de Annapolis foi um passo muito importante no processo de reforma. Sua recomendação culminou na reunião da Convenção que elaborou a Constituição dos Estados Unidos.

A recomendação que os delegados de Annapolis cunharam tomou a forma de um relatório aos Legislativos de seus respectivos Estados, no qual se referiram a, mas não enumeraram, "importantes defeitos no sistema do governo federal" que eram "de natureza tão grave (...) a tornar a situação dos Estados Unidos delicada e crítica, exigindo um esforço das virtudes e sabedoria unidas de todos os membros da Confederação". Eles tinham, portanto, "a opinião de que uma Convenção de delegados dos diferentes Estados, com o propósito único e especial de investigar, [determinar quais eram os defeitos] e sugerir um plano para corrigir tais defeitos" seria o melhor método de procedimento. Dando mais concretude à proposta, eles finalmente sugeriram que seus respectivos Estados deveriam

> envidar seus esforços para obter a concordância dos outros Estados na indicação de comissários que se reunirão na Philadelphia, na segunda segunda-feira de maio próximo, a fim de considerar a situação dos Estados Unidos e formular

> outras disposições que lhes pareçam necessárias para tornar a Constituição do governo federal adequada às exigências da União; e relatar tal ato aos Estados Unidos reunidos no Congresso para que, quando aprovado por eles e posteriormente confirmado pelos Legislativos de cada Estado, efetivamente se providencie a Convenção.

O Legislativo Estadual da Virginia agiu prontamente com base na recomendação e, como nenhum método havia sido especificado, seguiu sua prática usual de indicar os representantes do Estado no Congresso ao nomear uma delegação semelhante para ir à Philadelphia. O precedente da Virginia de designar uma delegação semelhante à delegação do Congresso foi seguido pelos demais Estados. New Jersey agiu quase ao mesmo tempo que a Virginia e, na verdade, indicou seus delegados antes daquele Estado. Em poucas semanas, Pennsylvania, North Carolina, Delaware e Georgia também indicaram seus delegados. O Congresso ainda não havia dado sua aprovação ao plano, e muitas pessoas nos Estados Unidos duvidavam que tal reunião pudesse realizar qualquer coisa sem ter a sanção do único órgão autorizado pelos Artigos da Confederação a propor emendas. Esse último obstáculo foi ultrapassado, entretanto, em 21 de fevereiro de 1787, quando o Congresso adotou uma resolução em favor de uma Convenção e incorporou, quanto à data e ao local para tal, as sugestões do relatório de Annapolis.

Antes da data marcada para a reunião da Convenção da Philadelphia, ou logo após tal data, todos os outros Estados haviam nomeado delegados, com exceção de New Hampshire e Rhode Island. New Hampshire era favorável à reunião, mas devido às condições locais não conseguiu agir antes que a Convenção estivesse em andamento. Seus delegados, no entanto, chegaram a tempo de participar de alguns dos procedimentos mais importantes. Apenas Rhode Island se recusou a participar, embora uma carta assinada por um comitê de mercadores, comerciantes e outros cidadãos tenha sido enviada à Convenção expressando pesar pela não representação de Rhode

Island e prometendo usar sua influência para que o resultado das deliberações fosse aprovado e adotado pelo Estado.

A Convenção Federal foi então convocada para se reunir na Philadelphia na segunda segunda-feira de maio de 1787. Foi autorizada pelo Congresso e chancelada por doze dos treze Estados que compunham a Confederação. Quaisquer que sejam as complexas causas que possam ter ocorrido, a sequência de eventos que resultou na Convenção foi a seguinte, conforme delineado: a aparente impossibilidade de obter a concordância dos Estados sobre as emendas necessárias para conferir ao Congresso poderes adequados de tributação e regulação do comércio, a convocação de uma Convenção sobre comércio e, então, a convocação de uma Convenção geral.

NOTA

Os treze Estados Unidos e as datas de suas primeiras Constituições:

New Hampshire 1776

South Carolina 1776

Rhode Island 1776*

Virginia 1776

New Jersey 1776

Delaware 1776

Pennsylvania 1776

Connecticut 1776**

Maryland 1776

North Carolina 1776

Georgia 1777

New York 1777

Massachusetts 1780

*Rhode Island manteve sua Carta Real de 1663 após a Independência.

**Connecticut manteve sua Carta Real de 1662 após a Independência.

CAPÍTULO II

A CONVENÇÃO E SEUS MEMBROS

A Virginia foi o primeiro Estado a agir de acordo com a sugestão do relatório de Annapolis e manteve a prática de indicação de sua representação no Congresso. A indicação de sete delegados foi ordenada por votação conjunta de ambas as Casas legislativas do Estado, quaisquer três dos quais foram autorizados a se juntar aos delegados de outros Estados

> na elaboração e discussão de todas as alterações e outras disposições que possam ser necessárias para tornar a Constituição Federal adequada às exigências da União e reportar tal ato aos Estados Unidos reunidos no Congresso para que, conforme acordado por eles e devidamente confirmado pelos diversos Estados, providencie efetivamente sobre a questão.

Note-se que a redação da indicação é muito semelhante à do relatório de Annapolis. As modificações são pequenas e, se têm algum significado, indicam a disposição da Virginia de tornar eficaz o trabalho da Convenção.

À frente de sua delegação a Virginia colocou o principal cidadão do Estado e também principal cidadão dos Estados Unidos,

George Washington. Ele tinha então 55 anos de idade e estava no auge de sua popularidade. O resultado bem-sucedido da Revolução silenciou efetivamente todas as críticas à sua conduta na guerra e sua aposentadoria em Mount Vernon tinha apelo junto ao imaginário popular. A gratidão do povo, ainda não misturada com a inveja e não diminuída pelo rancor das disputas partidárias, colocava-o no pináculo da opinião pública. O sentimento em relação a ele era de devoção, quase de temor e reverência. Sua presença na Convenção foi considerada essencial para o sucesso do trabalho e, ainda que contra sua vontade, Washington foi finalmente persuadido a aceitar a indicação.

Patrick Henry era o segundo da lista, mas recusou a indicação. No ano seguinte, ele se manifestou em forte oposição à Constituição. O Dr. Grigsby, historiador da Convenção do Estado da Virginia de 1788, relata que quando questionado o motivo pelo qual ele não tomou assento na Convenção Federal e não ajudou a fazer "uma boa Constituição em vez de ficar em casa e abusar do trabalho de seus companheiros patriotas", Henry, com aquela magistral atitude com a qual sobressaía em comparação a todos os seus contemporâneos, e que perante uma assembleia popular era irresistível, respondeu: "eu senti algo de podre no ar".[6] Para a vaga aberta pela recusa de Henry, o Governador nomeou o Dr. James McClurg, um médico culto, mas com pouca experiência na vida pública. Richard Henry Lee e Thomas Nelson também foram eleitos, mas se recusaram a servir.

O próximo na lista da Virginia era o Governador do Estado, Edmund Randolph. Trinta e quatro anos, corpulento e quase um metro e oitenta de altura, tinha um rosto extraordinariamente bonito com olhos grandes, escuros e brilhantes. Tinha atitudes respeitosas e polidas. Demonstrava geralmente um excelente domínio

6 N.T. A expressão original utilizada por Patrick Henry foi "*I smelt a rat*", no sentido de que tal situação não correspondia ao que de fato aparentava.

da linguagem e se portava bem no debate. Como líder lhe faltava resolutividade, como referência era grandioso.

Logo após vinha John Blair, cuja sabedoria e habilidade o tornaram juiz nas mais altas Cortes da Virginia. Cortês, educado e com trajes vistosos, ele era, conforme observou Pierce, da Georgia, um de seus colegas delegados, "um dos homens mais respeitáveis da Virginia, tanto por conta de sua família quanto por fortuna".[7] Ele não era um orador e nunca desempenhou um papel notável, "mas seu bom senso e os bons princípios compensavam outras deficiências".

James Madison era o mais discreto da delegação da Virginia. Ele era esguio, de estatura mediana, reservado e estava "sempre vestido de preto". Ele era um estudioso de história, metódico e incansável. Mas Madison era ativo nos assuntos públicos e, aos 36 anos, já havia ocupado vários cargos oficiais na Virginia e representado duas vezes seu Estado no Congresso. Pierce o descreveu dizendo que

> todos parecem reconhecer sua grandeza. Ele mistura o político profundo com o acadêmico... e embora não possa ser chamado de orador, ele tem uma fala muito agradável, eloquente e convincente... Talvez tenha o mais acurado conhecimento sobre os assuntos dos Estados Unidos entre qualquer pessoa da União.

Madison era, essencialmente, um estudioso da política.

Dois homens notáveis completavam a extraordinária delegação. Um era George Wythe, 55 anos, signatário da Declaração da Independência, "o famoso professor de Direito" de *William and*

---

7 William Pierce, da Georgia, deixou uma série de breves anotações e caracterizações de seus colegas delegados, evidentemente realizados à época. Originais e muito interessantes, elas foram de grande ajuda na preparação deste capítulo. A maioria das citações diretas são tiradas de tais documentos.

Mary[8] e, por dez anos, chanceler do Estado. O outro era George Mason, autor da Declaração de Direitos da Virginia e, aos 62 anos, rival de Patrick Henry no imaginário popular como o defensor dos direitos do povo e dos Estados. De acordo com Madison, ele possuía "o maior talento para o debate dentre todos os homens que já tinha visto ou ouvido falar". Era um cavalheiro à moda antiga; cortês, porém obstinado.

New Jersey, o próximo Estado a agir, nomeou quatro delegados e posteriormente aumentou o número para seis, quaisquer três dos quais representariam o Estado

> com o propósito de analisar a situação da União quanto ao comércio e outros assuntos importantes e de definir outras providências que se mostrem necessárias para tornar a Constituição do Governo Federal adequada a tais exigências.

A delegação do Estado dificilmente se igualava à da Virginia em reputação ou competência, embora contasse com alguns homens notáveis. David Brearley, de 41 anos, era o Presidente da Suprema Corte do Estado. Era um homem capaz, embora não fosse brilhante, e de temperamento e caráter que conquistaram e mantiveram para ele o total respeito do povo. William C. Houston, por doze anos professor de matemática em Princeton, admitido como advogado depois dos quarenta anos, fora nomeado escrivão da Suprema Corte Estadual e tinha sido um dos delegados à Convenção de Annapolis. William Paterson, nascido em alto-mar

---

8 N.T. *The College of William and Mary in Virginia*, ou apenas *William and Mary*, é uma instituição de ensino superior fundada em 1693 por cartas patentes emitidas pelo Rei William III e pela Rainha Mary II. É a segunda instituição de ensino superior mais antiga dos Estados Unidos e a nona mais antiga do mundo anglófono. Conhecida como a *Alma Mater* da nação, a instituição teve entre seus alunos quatro signatários da Declaração de Independência, três Ex-Presidentes dos EUA (Thomas Jefferson, James Monroe e John Tyler) e o famoso *Chief Justice* John Marshall.

de pais irlandeses, de pouco mais de quarenta anos e outro dos delegados de Annapolis, havia sido membro do Congresso Continental. Também havia sido procurador-geral de seu Estado por onze anos. Baixo em estatura, despretensioso na aparência e nas maneiras, Paterson era surpreendente no debate, em que revelou amplo conhecimento e grande capacidade.

William Livingston, o Governador do Estado, que era conhecido por ser espirituoso e escritor, foi nomeado pelo Legislativo no lugar de John Neilson, que havia declinado. Ele era independente tanto na ação quanto no discurso, mas suficientemente admirado e respeitado para ter sido regularmente reeleito Governador de seu Estado desde o início da Revolução. Pessoalmente, era tão alto e magro que era frequentemente referido como o "poste de açoite". Pierce o descrevia como tendo "cerca de sessenta anos de idade e notavelmente saudável", mas ele o criticou por parecer "mais propenso a um espírito esportivo do que a uma força de pensamento".

Abraham Clark, que fora nomeado à época, nunca compareceu, e a delegação foi completada com a escolha do Capitão Jonathan Dayton, que havia servido com distinção na Revolução. Aos vinte e sete anos, Dayton foi um dos homens mais jovens nomeados; ocasionalmente revelava ter pavio curto, o que era característico dele, e assim não estava em harmonia com o tom geral da Convenção. Ele era membro do Legislativo Estadual, mas ele e Brearley eram os únicos delegados de New Jersey presentes que não haviam servido no Congresso.

A Pennsylvania, ao nomear sete delegados, quatro dos quais autorizados a representar o Estado, citou expressamente o ato da Virginia e conferiu a seus representantes poderes redigidos tais quais aos daquele Estado.

À frente da delegação estava o general Thomas Mifflin, ex-membro e Ex-Presidente do Congresso. Aos 43 anos, ainda era extremamente popular, apesar de ter tomado parte na trama contra Washington a favor de Gates.[9] Em seguida vinha "Bob" Morris, grande, corado e agradavelmente impressionante. Embora tenha nascido no exterior, serviu bem ao seu país adotivo como membro do Congresso, signatário da Declaração da Independência e como financiador da Revolução. Muito se esperava dele na Convenção por causa da atual situação financeira, das ideias que se sabia ter sobre o assunto e também por causa da reputação de que "quando ele falava na Assembleia da Pennsylvania, derrotava tudo que estava diante de si".

Os membros menos ilustres da delegação da Pennsylvania, embora todos tivessem servido no Congresso, eram: George Clymer, um signatário da Declaração da Independência, capaz, mas extremamente tímido e que nunca falava mal de alguém; Jared Ingersoll, o advogado de júri mais capacitado da Philadelphia; e Thomas Fitzsimons, de origem irlandesa, e à época um comerciante proeminente e bem-sucedido na Philadelphia.

James Wilson era o membro mais forte da delegação e Washington o considerava um dos homens mais fortes de toda a Convenção. Nascido e educado na Escócia, veio para a América aos 23 anos. Ele havia servido várias vezes no Congresso e foi um dos signatários da Declaração da Independência. Aos quarenta e cinco anos, era considerado um dos advogados mais competentes da América. Alto e de feições grandes, sua miopia o obrigava ao uso de óculos e adicionava um toque de severidade à sua aparência, tendo ele conquistado o respeito de muitos, mas o afeto de poucos. "James, o Caledônio", como às vezes era chamado, era

---

9 N.T. Refere-se aqui o autor ao denominado "*Conway Cabal*", um grupo de oficiais do exército Continental que, durante a Revolução Americana, pretendeu elevar o General Horatio Gates ao posto de Comandante-Chefe, substituindo George Washington. No entanto, quando o plano se tornou público, os apoiadores de Washington mobilizaram-se impedindo qualquer movimento mais concreto do grupo. Posteriormente, o próprio Gates se desculpou por seu papel no episódio.

mais uma homenagem a seu caráter e sua oratória do que um sinal de popularidade.

Gouverneur Morris era, provavelmente, o membro mais brilhante da delegação da Pennsylvania e também da Convenção. Inteligente, afiado, surpreendente em sua audácia e com um domínio soberbo da linguagem, era mais admirado do que confiável, pois era incoerente e suspeito de ser negligente tanto em termos morais quanto na falta de princípios. Um braço aleijado e uma perna de pau podiam prejudicar sua aparência pessoal, mas não diminuíam seu espírito. Uma história que é contada de várias formas e que, sem dúvida, tem um fundamento de verdade, tem uma versão conexa à Convenção Federal tão boa quanto outras: Morris estava um dia se gabando na presença de vários delegados de que não tinha medo de ninguém, quando Hamilton se ofereceu para apostar com ele um jantar e vinho que ele não se atreveria a tratar o General Washington com intimidade, dando-lhe tapinhas no ombro. Hamilton perdeu a aposta, mas Morris, ao relatar sua experiência, disse que nunca ganhou uma aposta que lhe custou tão caro, e Washington apenas "olhou" para ele.

Pouco antes da Convenção se reunir, o já idoso Benjamin Franklin, Presidente do Estado, foi adicionado à delegação da Pennsylvania por um ato especial do Legislativo. "O Sócrates americano" perdia apenas para Washington em termos de reputação e popularidade, mas aos oitenta e um anos suas capacidades já estavam em declínio. Pierce observou com aparente surpresa que

> ele não brilha muito no debate público, ele não é um orador e nem parece permitir que a política prenda sua atenção. Ele é, no entanto, um homem muito extraordinário e conta uma história em um estilo mais envolvente do que qualquer coisa que eu já ouvi.

North Carolina nomeou cinco delegados, três dos quais deveriam representar o Estado, os quais foram autorizados "a discutir e decidir sobre os meios mais eficazes para remediar os defeitos de nossa União Federal e alcançar os objetivos maiores aos quais se destinava a Convenção". A delegação não se igualava às anteriormente designadas pelos demais Estados. O Governador Richard Caswell e Willie Jones recusaram as indicações. Depois de nomeados substitutos, o chefe da delegação era o ex-Governador Alexander Martin. Ele havia sido dispensado do exército por ato de covardia na batalha de Germantown, mas se mostrou um bom político por ter conseguido, apesar de sua desgraça, ser o Governador de seu Estado de 1782 a 1785.

Em seguida vinha William R. Davie. Não tinha ainda trinta anos e era um dos membros mais jovens da Convenção. Com uma personalidade vencedora, era popular, mas não proeminente. Em meados de junho, vários jornais da Philadelphia forneceram "uma lista exata dos membros da Convenção". Primeiro vinham aqueles que haviam ascendido ao título de "Sua Excelência", o "Honorável Governador" etc. Em seguida, aqueles que eram ou haviam sido "Honoráveis Delegados ao Congresso". Por último, aqueles que foram classificados como os seguintes "personagens respeitáveis". Davie estava na última dessas classes.

Richard D. Spaight também tinha menos de trinta anos e, se não tivesse sido um delegado ao Congresso, sem dúvida teria sido classificado entre os "personagens respeitáveis". Pierce o descrevia como "um homem digno, com algumas habilidades e fortuna". O Dr. Hugh Williamson havia sido pastor e depois professor de matemática na Faculdade da Philadelphia antes de iniciar o estudo da medicina. Era excêntrico, mas bem-humorado, e mesmo sem ser um bom orador gostava muito de debater. Um de seus contemporâneos relatara que era difícil conhecer bem sua personalidade, sendo possível que ele sequer tivesse alguma. Talvez Pierce o tenha caracterizado de forma apropriada quando disse que "em suas atitudes havia um forte traço de cavalheirismo". William Blount, duas vezes delegado ao Congresso, fiel, mas sem "nenhum daqueles talentos que fazem os homens brilhar... simples, honesto e sincero", completava a medíocre delegação.

A indicação de Delaware foi copiada da Pennsylvania e da Virginia, mas com a importante condição "de que alterações ou disposições adicionais, qualquer delas, não se estendam à parte do quinto Artigo da Confederação... que declara que ao deliberar questões no Congresso dos Estados Unidos, cada Estado terá um voto". Cinco deputados foram nomeados, três dos quais representariam o Estado.

À frente da delegação estava George Read, então com 54 anos. Baixo, franzino e com aparente fraqueza física, causou má impressão como orador, embora tivesse grande habilidade como advogado. Ele havia conquistado a confiança de seu Estado, o qual representou, entre outras funções, no Congresso, como signatário da Declaração de Independência e na Convenção de Annapolis.

Gunning Bedford tinha uma boa reputação como advogado, mas, embora eloquente, era também um orador nervoso e propenso a ser acelerado e impetuoso. Seu epitáfio diz que "sua forma era bela", o que é uma maneira eufemística de descrever o que Pierce chamou de "muito corpulento" e, para Pierce, ele não parecia ter quarenta anos. Também representou seu Estado no Congresso.

O mais notável delegado de Delaware era John Dickinson, autor das "Cartas de um Fazendeiro"[10] e Presidente da comissão do Congresso que elaborou os Artigos da Confederação. Era competente, erudito e sincero, porém nervoso, sensível e cauteloso

---

10 N.T. As *Cartas de um Fazendeiro* (ou, no original, *Letters from a Farmer in Pennsylvania*) representam uma série de ensaios escritos por John Dickinson, sob o pseudônimo de "O Fazendeiro", entre 1767 e 1768. As cartas, em um total de doze, foram amplamente difundidas e lidas nas colônias americanas e foram importantes na união dos colonos contra as diversas tentativas do Parlamento britânico de taxá-los. Escritas com acurado senso retórico, as cartas traziam como argumento central o fato de que o Parlamento britânico teria autoridade para regular o comércio colonial, mas não com o objetivo de aumentar receita a partir da taxação dos colonos. Dickinson defendia que quaisquer tributos, internos ou externos, criados pelo Parlamento britânico em face dos colonos com o objetivo de aumentar a receita (ao invés de regular o comércio), eram inconstitucionais.

à beira da timidez. Sua recusa em assinar a Declaração de Independência custou-lhe a popularidade. Embora mais tarde tenha retornado ao Congresso e se tornado Presidente sucessivamente de Delaware e Pennsylvania, ele nunca conseguiu reconquistar por completo a confiança pública. Uma sombra de desconfiança sempre se manteve. Ele parecia mais velho do que seus cinquenta e cinco anos demonstravam.

Richard Bassett e Jacob Broom completavam a delegação. Eles tinham mais ou menos a mesma idade de trinta e cinco anos e eram classificados como "personagens respeitáveis". Pierce considerou o primeiro, curiosamente ou com desconfiança, como "um devoto religioso que recentemente se tornou metodista", mas ele o elogiou, e também a Broom, por terem o bom senso suficiente de não se manifestarem na Convenção.

A Georgia também moldou sua comitiva de acordo com a da Virginia e nomeou seis delegados, quaisquer dois dos quais deveriam representar o Estado. O ex-Governador George Walton e Nathaniel Pendleton recusaram ou não compareceram e a delegação foi reduzida a quatro.

William Few era um empreendedor que foi admitido na Ordem dos Advogados, sendo que seu colega Pierce pensou que "a partir da admissão" ele havia "adquirido algum conhecimento de questões jurídicas". Ele tinha feito mais do que isso, no entanto; embora não tão afortunado, ele era bem-conceituado em seu Estado, eis que era membro do Legislativo Estadual e duas vezes delegado ao Congresso.

Abraham Baldwin, 33 anos, era o membro mais qualificado da delegação. Nascido em Connecticut, educado em Yale e tutor lá por vários anos, serviu durante a Revolução como capelão do exército. Depois da guerra, mudou-se para a Georgia, onde foi admitido na Ordem dos Advogados e tornou-se membro do Legislativo Estadual. Ele elaborou e colocou em prática o plano para criação da Universidade da Georgia e, em seguida, tornou-se seu Presidente.[11] Ele havia sido membro do Congresso por duas vezes.

William Pierce, cujos comentários sobre seus colegas delegados foram citados com tanta frequência, tinha quase cinquenta anos. Havia servido com distinção durante a Revolução e nessa época era um delegado no Congresso. Embora não tenha tentado descrever seu próprio personagem, mas deixado para "aqueles que escolhessem especular sobre ele considerá-lo sob qualquer ótica que suas imaginações pudessem descrever", ele foi evidentemente abençoado com um senso de humor.

O último membro da delegação era William Houstoun, que segundo Pierce, era de boa família e tinha sido bem-educado na Inglaterra. Seu próximo comentário, entretanto, é sarcástico: "a natureza parece ter feito mais por seus poderes corpóreos do que mentais. Sua pessoa é impressionante, mas sua mente muito pouco desenvolvida com conhecimento útil ou elegante".

Os seis Estados acima considerados atuavam sob sua própria responsabilidade. Todas as instruções que eles emitiram previam uma revisão dos Artigos da Confederação, mas o Congresso, que era o único órgão autorizado a propor emendas àquele documento, não havia tomado qualquer atitude nesse sentido. Quando ficou evidente que a Convenção tinha apoio suficiente para tornar certa sua existência, pareceu prudente ao Congresso aprovar o que não poderia mais ser evitado. Assim, em 21 de fevereiro de 1787, o Congresso declarou:

> Considerando que há disposição nos Artigos da Confederação e da União Perpétua para neles fazer alterações, (...) E considerando que a experiência tem evidenciado que existem defeitos na presente Confederação, como um meio de

---

11 N.T. Nas Universidades americanas, é comum que o cargo máximo de direção seja o de Presidente (e não de Reitor, como usualmente ocorre no Brasil).

> remediar tais defeitos, vários dos Estados (...) sugeriram uma Convenção para os fins expressos na seguinte Resolução (...).
>
> Resolveu-se que, na opinião do Congresso, é conveniente que na segunda segunda-feira de maio próximo uma Convenção de Delegados, que deverão ter sido nomeados pelos vários Estados, seja realizada na Philadelphia com o único e expresso propósito de revisar os Artigos da Confederação, e reportando ao Congresso e aos diversos Legislativos, as alterações e disposições neles contidas, que, quando acordadas no Congresso e confirmadas pelos Estados, tornem a Constituição Federal adequada às exigências do Governo e à preservação da União.

New York parece ter sido o responsável por essa resolução, já que foi apresentada no Congresso de acordo com instruções específicas dadas aos delegados daquele Estado. Quando o único obstáculo sério à Convenção foi removido, New York prontamente juntou-se aos outros Estados e, usando as palavras da resolução do Congresso, nomeou três delegados.

O primeiro deles era Robert Yates, um hábil juiz da Suprema Corte Estadual. Ele tinha quase cinquenta anos, havia sido membro do Congresso provincial de New York e atuou na comissão que elaborou a Constituição do Estado de 1777. John Lansing era um jovem advogado de moderada habilidade, mas evidentemente com algum tino político, eis que havia sido membro do Legislativo Estadual, prefeito de Albany e delegado ao Congresso.

O terceiro e mais qualificado dessa delegação era Alexander Hamilton, um dos menores homens fisicamente e um dos maiores intelectualmente dos que compareceram à Convenção. Com apenas trinta anos, sua reputação já estava formada pelo que havia feito na Revolução, no Legislativo Estadual, no Congresso Continental e na Convenção de Annapolis. A lógica de seus argumentos era convincente, mas ele não era um grande orador, exceto nas poucas ocasiões em que seus instintos dominavam sua autoconsciência. Era muito arrogante e autoritário para ser popular, mas era respeitado por sua habilidade e admirado por sua originalidade e ousadia.

South Carolina seguiu prontamente New York e nomeou quatro delegados, quaisquer dois dos quais poderiam representar o Estado

> na elaboração e discussão de todas as alterações, cláusulas, artigos e dispositivos que possam ser considerados necessários para tornar a Constituição Federal inteiramente adequada à situação atual e a um futuro bom governo dos Estados Confederados.

À frente da delegação estava o irlandês-americano John Rutledge, considerado o grande orador de sua época e "um dos motivos da fama de South Carolina". Tinha aproximadamente 50 anos e havia sido membro do Congresso, Governador de seu Estado e também juiz.[12] Um homem de habilidade inquestionável, conhecido por seu raciocínio rápido e por sua ousadia e determinação, cujo temperamento era orgulhoso e arrogante, sendo claramente uma pessoa com a qual se devia contar. Aparentemente, possuía recursos consideráveis, mas corria o boato de que suas dívidas excediam sua fortuna.

Charles Pinckney, aos 29 anos, era o membro mais jovem da delegação e um dos mais jovens da Convenção; e devia aparentar ser ainda mais jovem, pois Pierce fala dele como alguém de apenas "vinte e quatro". Um tanto superficial, porém brilhante, com uma opinião elevada de sua própria habilidade e com um extraordinário poder para conversar, não é de se admirar que ele se destacasse, e não surpreende que às vezes pareça ter sido fortemente desprezado pelos mais velhos.

---

12 N.T. No original, a palavra utilizada foi "*chancellor*" e refere-se ao período de 1783 a 1791 em que John Rutledge ocupou o cargo de magistrado da *South Carolina Court of Chancery*. Os juízes das chamadas "*Chancery Courts*" – ou cortes de equidade – eram denominados "*chancellors*".

Charles Cotesworth Pinckney, um primo quase dez anos mais velho, era um homem de um tipo muito diferente. Havia ascendido ao posto de general de brigada durante a Revolução, mas fora educado em Oxford e agora era um advogado promissor e extremamente popular. Tinha convicção quando falava algo e o que dizia era ouvido com respeito.

Pierce Butler, de família nobre e excessivamente vaidoso, havia servido na América como oficial do exército britânico. Era um homem de sorte e, tendo largado sua patente e se estabelecido neste país, tornou-se muito popular. Aos 43 anos, era membro do Legislativo de South Carolina e acabara de ser eleito para o Congresso.

Henry Laurens, Ex-Presidente do Congresso, recusou sua indicação ou não compareceu.

Massachusetts citou a resolução do Congresso e indicou cinco delegados, quaisquer três dos quais foram autorizados a representar o Estado "para os fins acima mencionados". Francis Dana, um dos indicados, não aceitou ou pelo menos não compareceu à Convenção e a delegação foi reduzida a quatro.

Elbridge Gerry era pequeno de estatura, mas uma figura proeminente na política estadual. Aos 43 anos, tinha sido duas vezes delegado ao Congresso e foi um dos signatários da Declaração da Independência e dos Artigos da Confederação. Era um comerciante de sucesso e muito interessado em questões de comércio e finanças. Sereno e confiante em suas próprias decisões, era incapaz de distinguir entre o que era essencial e o que era de menor importância; suas decisões e ações subsequentes às vezes pareciam irracionais, para não dizer erráticas.

Nathaniel Gorham, duas vezes delegado ao Congresso e Presidente desse órgão durante seu segundo mandato, havia deixado a cadeira de Presidente para participar da Convenção. Era um homem de bom senso, ao invés de grande habilidade, mas tinha "grande reputação e muita estima de seus compatriotas". Pierce ainda disse sobre ele que, em seu quinquagésimo ano, era "bastante vigoroso e tinha um comportamento gentil e agradável".

Rufus King, um pouco acima da altura média, era um homem excepcionalmente bonito e com grande carisma. De notável habilidade, e um orador eloquente com uma voz doce e clara, não é de se admirar que "dentre os eruditos do tempo presente" ele era considerado um dos futuros homens da nova nação. Ele se opunha a qualquer reforma radical da Confederação, mas, convencido de seu erro, juntou-se de coração ao trabalho da Convenção e, como se supunha, seu apoio foi muito bem recebido.

Caleb Strong, de 42 anos, alto e magro, tinha uma aparência nem um pouco atraente. Sólido, mas não brilhante, simples no discurso e no comportamento, e de genuína integridade, ele era altamente estimado por seus colegas e era um bom representante do povo do interior de Massachusetts.

Connecticut também se referiu especificamente à resolução do Congresso e nomeou três delegados, qualquer um dos quais poderia representar o Estado "para os fins mencionados". Mas, em uma explicação adicional, o ato continuava e dizia:

> e para discutir sobre as alterações e disposições concordantes com os princípios gerais do governo republicano que eles considerem adequados para tornar a Constituição Federal adequada às exigências do governo e à preservação da União.

Tendo Erastus Wolcott se recusado a servir, a delegação consistia em Johnson, Sherman e Ellsworth.

William Samuel Johnson tinha 60 anos de idade e era considerado um dos homens mais eruditos do país; tendo recebido o grau de Doutor em Direito pela Universidade de Oxford, sempre foi chamado e referido como "Doutor" Johnson. Advogado e juiz muito respeitado apesar de sua indiferença durante a Revolução, tinha acabado de ser eleito Presidente do Columbia College.

Gentil e quase afetuoso em sua maneira de se dirigir aos conhecidos, era amado e respeitado. Sempre que falava recebia a mais cuidadosa atenção.

Roger Sherman, prefeito de New Haven, era um dos homens mais velhos da Convenção com 66 anos. Alto, desajeitado e quase rude, estava sujeito a ser mal interpretado à primeira vista, mas era um homem de habilidade e de grande sabedoria prática. Sapateiro, fabricante de almanaques, advogado e juiz foram as etapas sucessivas de seu progresso. "Um político hábil e extremamente habilidoso na realização de qualquer objetivo específico; observa-se que ele raramente falha". Outro de seus contemporâneos escreveu: "ele é tão astuto quanto o Diabo, e se você o ataca, deve conhecê-lo bem; ele não é fácil de lidar, e se ele suspeitar que você está tentando capturá-lo, é mais fácil pegar uma enguia pelo rabo". Ele havia sido membro do Congresso e signatário da Declaração da Independência e dos Artigos da Confederação.

Oliver Ellsworth, 42 anos, era um juiz da Suprema Corte Estadual que era muito "respeitado por sua integridade e venerado por suas habilidades". Um orador eloquente e um debatedor competente, vinha em terceiro lugar neste trio notável. Alguns meses depois, o encarregado de negócios francês,[13] em um relatório para seu governo, falava de Ellsworth e Sherman como típicos de Connecticut, e assim dizia: "o povo desse Estado geralmente tem um caráter nacional não encontrado comumente em outras partes do país. Eles se aproximam da simplicidade republicana: sem serem ricos, estão todos em condições razoáveis".

Maryland, em redação muito semelhante à do ato original da Virginia, indicou cinco delegados, mas, em função das exigências da política local, as nomeações finais só foram feitas duas semanas após a data marcada para a abertura da Convenção. Foi dito que os primeiros escolhidos pelo Legislativo recusaram a nomeação,

---

13 N.T. O encarregado de negócios é um membro do corpo diplomático do país.

eis que isso envolveria ausência do Estado quando suas presenças e influências seriam necessárias para conter um movimento generalizado que pregava a emissão de papel-moeda. De qualquer forma, Charles Carroll of Carrollton, Gabriel Duvall, Robert Hanson Harrison, Thomas Sim Lee e Thomas Stone foram eleitos, porém se recusaram a servir; a delegação finalmente nomeada foi considerada inferior.

O Dr. James McHenry, nascido na Irlanda, havia atuado como cirurgião durante a Revolução e se tornara secretário, amigo e conselheiro do comandante-chefe Washington. Desde então, havia sido membro do Senado Estadual e delegado ao Congresso. Um homem de habilidade apenas moderada, tinha alcançado aos 35 anos uma proeminência um pouco além de seus méritos.

Daniel of St. Thomas Jenifer, 64 anos, era um homem abastado e de alguma proeminência em seu Estado. Havia sido delegado ao Congresso e um dos representantes de Maryland no encontro com a Virginia durante a controvérsia de Chesapeake-Potomac.

> Ele está sempre de bom humor e nunca deixa de agradar a sua companhia. Participa pouco das reuniões e parece consciente de que não é um político. Em função de sua longa permanência na vida de solteiro, não há dúvidas que tenha feito o voto de celibato.

Daniel Carroll e John Francis Mercer eram dois homens jovens, um deles um pouco acima e outro com menos de 30 anos, de grandes posses, que estavam ganhando proeminência política no Estado. Ambos haviam sido delegados ao Congresso.

Luther Martin era um advogado competente, de 43 anos, que fora delegado no Congresso e tinha sido nomeado Procurador-Geral de Maryland. Sua carreira na política foi atribuída à influência de interesses escusos, e dizia-se que ele foi enviado à Convenção Federal com o propósito de se opor ao estabelecimento de um governo nacional forte. Era um orador enfadonho, talvez uma característica que herdou dos tempos de professor, e esse fato, somado à suspeita de seus motivos, não lhe garantiu uma recepção cordial.

New Hampshire, de acordo com o que se dizia, deixou de agir por falta de fundos para custear as despesas de seus delegados, e a situação não foi atenuada até que John Langdon se oferecesse para pagar todas as despesas de seu bolso. Quando finalmente agiu no final de junho, parecia necessário defender ou explicar a posição do Estado. Assim, um preâmbulo bastante elaborado foi adotado no ato de nomeação de delegados, reconhecendo a necessidade de ampliar os poderes do Congresso e declarando o altruísmo do Estado e sua disposição de fazer todas as concessões à segurança e à felicidade de todos. Quatro delegados foram então nomeados, quaisquer dois dos quais estariam autorizados a representar o Estado "para discutir e decidir sobre os meios mais eficazes para remediar os defeitos de nossa União Federal".

Langdon, que naturalmente foi o primeiro a ser indicado, não tinha ainda 50 anos e havia feito uma grande fortuna no comércio. Ele às vezes era chamado de Robert Morris de seu Estado. Era um homem eminentemente prático, de forte senso comum, simples e sincero, que teve participação ativa na Revolução e era "integralmente republicano em todas as suas tendências". Ele havia sido membro por diversas vezes e Presidente do Legislativo Estadual, Presidente de seu Estado e duas vezes delegado ao Congresso.

Nicholas Gilman parecia ser mais jovem do que os 30 e tantos anos que tinha. Ele havia servido durante a Revolução, mas a reputação que alcançou parece ter sido a de egoísta e a de alguém que desejava ser nomeado para cargos públicos. Um ano antes havia sido eleito para o Congresso e, por causa de sua juventude e ar presunçoso, seus colegas prontamente o apelidaram de "Congresso". Pierce disse que embora não houvesse "nada brilhante ou impressionante", havia "algo respeitável e digno naquele homem".

Mas o encarregado de negócios francês, Otto, relatou a seu governo que o fato de Gilman representar New Hampshire na Convenção provava que não havia muito a escolher naquele Estado.

John Pickering e Benjamin West foram indicados, mas não compareceram à Convenção, de modo que New Hampshire foi representado apenas por Langdon e Gilman e eles só chegaram à Philadelphia no final de julho.

Quase setenta e cinco nomes foram mencionados, mas foram apresentadas caracterizações de apenas cinquenta e cinco que realmente compareceram à Convenção. Em alguns aspectos, eles eram um notável corpo de homens. Com uma idade média de 42 ou 43 anos, e embora um sexto fosse nascido no exterior, a maioria deles havia desempenhado papéis importantes no drama da Revolução; uma grande maioria, cerca de três quartos, tinha servido no Congresso; e praticamente todos eles eram personalidades em seus respectivos Estados e ocuparam importantes cargos públicos. Em uma época antes de o sufrágio masculino ser aceito, quando as distinções sociais eram tidas como certas e quando o privilégio estava na ordem do dia, era natural que homens da classe dominante fossem enviados a esta importante Convenção.

Thomas Jefferson estava em Paris e quando soube das nomeações escreveu a John Adams em Londres: "é realmente uma assembleia de semideuses". A opinião expressada foi comumente aceita desde então. A objeção a isso reside no fato de que os delegados da Virginia, que Jefferson conhecia melhor, formavam realmente um grupo distinto de homens, enquanto muitos dos outros delegados Jefferson conhecia apenas por reputação como homens de destaque em seus Estados. Na verdade, a Virginia estabeleceu o modelo, que o país aprovou, e ser um delegado na Philadelphia tornou-se uma honra desejada. As indicações foram solicitadas e obtidas, em várias ocasiões, por homens de influência política. Em alguns casos, as nomeações eram devidas a motivos menos dignos, aproximando-se do que pode ser denominado corrupção.

Em outros casos, as nomeações foram feitas por conveniência para preencher a delegação estadual. Um contemporâneo, que estava francamente na oposição, escreveu:

> Não desejo depreciar seus méritos, mas me arrisco a afirmar que vinte assembleias de igual número podem ser reunidas, igualmente respeitáveis em termos de habilidade, integridade e patriotismo. Alguns dos personagens que a compõem eu reverencio; outros, considero de pouca importância, e alguns são suspeitos de serem grandes inadimplentes públicos e de terem sido culpados de peculato e fraude no que diz respeito à propriedade pública ao tempo de nossas dificuldades.[14]

Sem dúvida, a realidade está entre as duas opiniões. Havia grandes homens, é verdade, mas a Convenção como um todo era composta de homens que seriam indicados para uma reunião semelhante na atualidade: profissionais, homens de negócios e cavalheiros; estadistas patrióticos e políticos espertos e maquinadores; alguns treinados pela experiência e estudo para a tarefa que tinham pela frente, e outros totalmente inadequados. Tratava-se, essencialmente, de um órgão representativo, possivelmente assumindo um tom um pouco mais elevado devido às condições sociais da época, à gravidade da crise e ao caráter dos seus líderes.

---

14 FORD, P. L. *Pamphlets on the Constitution of the United States*, p. 115.

CAPÍTULO III

OS DEFEITOS DA CONFEDERAÇÃO

A Convenção foi convocada para se reunir na Philadelphia e os delegados foram nomeados. Para qual propósito? O relatório da Convenção de Annapolis recomendou uma investigação completa sobre os defeitos da Confederação e o desenvolvimento de um plano para remediá-los, e a resolução do Congresso especificou "o único e expresso propósito de revisar os Artigos da Confederação". Após a experiência de mais de cem anos sob um sistema melhor, é fácil criticarmos os Artigos da Confederação, pois de acordo com os padrões atuais eles podem ser considerados totalmente inadequados, impraticáveis e até mesmo como principiologicamente viciados. Portanto, presume-se que a Convenção Federal os considerou sob esse prisma e, sem esperança de emendá-los, iniciou a construção de um novo instrumento de governo. Isso é deveras ilusório. Para os homens da época, os Artigos da Confederação não eram vistos dessa forma. Os contemporâneos de Jefferson podiam não estar dispostos a concordar com sua declaração extravagante de que uma comparação de nosso governo com os governos da Europa "é como uma comparação entre o céu e o inferno. A Inglaterra, como a Terra, poderia assumir a posição intermediária". No entanto, John Jay parecia considerar como uma espécie de concessão admitir que "nosso governo federal tem imperfeições que, com o tempo e com mais experiência, espero, serão efetivamente remediadas". Até mesmo Washington, que de todos os homens foi o que mais sofreu com a intolerável ineficiência do Congresso, tinha algo bom a dizer do governo.[15] Tampouco é suficiente aceitar o pedido de desculpas de John Marshall de que, se os Artigos da Confederação realmente preservaram a ideia de União até que a nação adotasse um sistema mais eficiente, "isso por si só já daria direito a uma respeitosa lembrança do povo americano". A forma de governo que havia sido estabelecida era um experimento, uma tentativa de resolver o problema de uma república confederada, e embora ninguém afirmasse que era perfeita, a maioria dos homens teria concordado com Jefferson que "com todas as imperfeições de nosso presente governo, é longe de dúvidas o melhor que existe ou que já existiu".

Se tal era o ponto de vista contemporâneo, é evidente que a formulação empregada nas credenciais dos delegados e na resolução do Congresso não era mera fraseologia formal; a Convenção Federal foi realmente convocada com o "propósito expresso de revisar os Artigos da Confederação" e torná-los "adequados às exigências do governo e à preservação da União". Para aferir o trabalho da Convenção Federal é essencial compreender a tarefa apresentada tal qual os próprios delegados a compreenderam. Consequentemente, é necessário nos despojarmos de ideias preconcebidas e preconceitos devidos à má interpretação moderna, sobretudo a fim de tentarmos entender o que os homens da época tinham em mente

---

15 N.T. Na qualidade de Comandante-Chefe do exército Continental durante a Revolução Americana, Washington sofreu com a incapacidade do então Congresso Continental no financiamento da guerra contra os britânicos. Na medida em que o Congresso não detinha quaisquer poderes de tributação sobre a população ou mesmo a capacidade de exigir a contribuição financeira dos distintos Estados, a manutenção do exército e o pagamento dos soldados eram deficientes, o que dificultou ainda mais a atuação de Washington durante os conflitos no período de 1775 a 1783.

quando falavam dos defeitos "que a experiência evidenciou que existem... na presente Confederação". Felizmente, o problema não é muito difícil de resolver. O interesse foi grande, a seriedade da situação do país foi aferida e o tema foi frequentemente abordado nas correspondências entre homens de todos os setores. Algumas das cartas dos personagens mais conhecidos foram preservadas para nós e, a partir delas, podemos estabelecer com bastante precisão o estado da opinião pública à época.

As primeiras críticas à Confederação foram vagas; elas quase podem ser chamadas de desconexas. Mas à medida que o tempo passava e o interesse aumentava, uma reflexão mais cuidadosa foi dada ao assunto, com o consequente aumento no número e na definição dos defeitos observados. Mas os membros da Convenção Federal só lidariam com os defeitos da Confederação que conheciam. O presente estudo foi, portanto, limitado estritamente aos escritos dos próprios delegados antes da reunião na Philadelphia, e aos registros de procedimentos dos quais alguns dos membros não poderiam deixar de ter conhecimento, como os jornais do Congresso.

Já foi demonstrado que a péssima condição das finanças do governo e o estado insatisfatório do comércio interno e externo foram responsáveis pela convocação da Convenção da Philadelphia. Os dois assuntos estavam intimamente ligados. Em matéria de comércio, era necessária uma política uniforme, e essa uniformidade só poderia ser obtida concedendo-se ao governo central total poder sobre o comércio, tanto externo quanto interno. Isso significava, é claro, que tarifas seriam estabelecidas e alguma forma de receita resultaria. Não se esperava que isso fosse suficiente, mas se a ideia era manter o crédito dos Estados Unidos, poderes adicionais e adequados para obtenção de receita por meio de impostos diretos e indiretos deveriam ser estabelecidos. O que quer que fosse feito, algum método mais justo de distribuir o peso da tributação deveria ser encontrado para substituir o sistema insatisfatório de requisições baseado em valores indetermináveis de terra. Muitos observadores atentos também perceberam que as restrições à emissão de papel-moeda eram necessárias e que algo mais uniforme do que as moedas variáveis dos Estados era desejável. Em vista de eventos subsequentes,[16] é interessante notar que Madison e Jefferson foram a favor de autorizar o governo central a estabelecer um banco nacional.

Se era irritante ver-se imobilizado em questões de comércio internacional e humilhante ver-se fraco demais para forçar os britânicos a cumprir os termos do Tratado de Paris de 1783, era deveras vergonhoso ver-se incapaz de obrigar os Estados a observar as disposições de qualquer regulação ou tratado que viessem a ser elaborados.[17] Sem autoridade para exigir que os Estados respeitassem os princípios do Direito Internacional e incompetentes até mesmo para punir a pirataria ou o crime em alto mar, foi realmente um espetáculo lamentável o que os Estados Unidos apresentaram.

---

16 N.T. Os eventos subsequentes dizem respeito ao debate, travado em 1791, acerca da criação de um banco nacional. Seus defensores, capitaneados por Alexander Hamilton, então Secretário de Finanças, viam no art. 1, seção 8, da Constituição, a autorização necessária para que o Congresso instituísse a casa bancária. No entanto, embora na Convenção tenham se mostrado favoráveis, Thomas Jefferson e James Madison, então Secretário de Estado e Congressista, respectivamente, se opuseram duramente à instituição do banco, apontando a iniciativa como inconstitucional.

17 "Há uma história, uma vez comumente repetida, que ilustra a sensibilidade da consciência da Virginia sobre o assunto do repúdio das dívidas inglesas durante o período 1783-1789. Um escocês, John Warden, um advogado proeminente e um erudito clássico, mas suspeito de simpatizar com os conservadores britânicos (Tory) durante a Revolução, sabendo da grande minoria contra a revogação de leis em conflito com o Tratado de 1783 (ou seja, especialmente as leis sobre cobrança de dívidas por estrangeiros), comentou acidamente que alguns dos membros da Câmara votaram guiados por interesse próprio. A história diz que ele foi convocado para a Câmara em plena sessão e foi obrigado a pedir perdão de joelhos, mas ao se levantar, fingindo limpar a poeira seus joelhos, ele apontou para a Casa e disse audivelmente, com evidente duplo sentido, 'posso dizer, uma casa suja e abobadada, de fato'. O Diário da Câmara, no entanto, mostra que a honra dos delegados foi satisfeita por uma garantia por escrito do Sr. Warden de que ele não pretendia de forma alguma afrontar a dignidade da Câmara ou insultar qualquer um de seus membros". (Grigsby, Virginia Convention of 1788, II, 86).

Quando um contemporâneo que havia negociado com vários países dizia que encontrou "este país mantido sob a mesma luz por nações estrangeiras e visto tal qual um negro bem-comportado[18] que está na família de um cavalheiro",[19] não é de admirar que esse povo recém-independente e sensível deveria exigir reformas que tendessem a dissipar parte do desprezo inspirado no exterior. O mínimo que podia ser feito era estabelecer um governo central forte que deveria ter o controle de todas as relações externas.

Tais coisas eram evidentes e parece ter havido uma unanimidade geral de sentimento a favor das reformas propostas. Se essas reformas fossem realizadas, a situação teria sido um pouco aliviada, mas o cerne do problema não teria sido alcançado. Uma dificuldade fundamental da União estava na independência e no poder excessivo de cada Estado. Exemplos concretos disso podem ser notados nas questões até agora consideradas, que envolviam não apenas a violação pelos Estados dos direitos uns dos outros, mas até mesmo a desconsideração expressa dos Artigos da Confederação. Os acordos entre os Estados violavam diretamente esse instrumento. Assim também foram as relações com os indígenas que vários dos Estados praticavam em detrimento de qualquer política uniforme, tão importante no tratamento com os povos incivilizados. Mas a culpa por essa usurpação da autoridade federal não deve ser atribuída apenas aos Estados. A Confederação não traçou uma linha divisória entre os poderes estadual e federal e, mesmo no campo aberto à ação do Congresso, o governo frequentemente era fraco demais para atuar. A autopreservação, antes do mero egoísmo, motivou os Estados em alguns casos. Mas qualquer que fosse a justificativa que pudesse haver, era altamente desejável que

---

18 N.T. É evidente, no ponto, a conotação racista da expressão. No original, lê-se: "*a well-behaved negro is in a gentleman's family*".

19 ELLIOT, Jonathan. *Debates in the Several State Conventions on the adoption of the Federal Constitution*, II, 34.

uma negativa ou algum controle sobre a legislação estadual fosse atribuída ao governo central.

Havia algumas matérias que exigiam maior uniformidade de tratamento e procedimento do que se poderia obter por meio de ações estaduais independentes. Entre eles naturalização, falência, educação, patentes e direitos autorais. Sobre tais assuntos, portanto, o Congresso deveria ser autorizado a legislar. Por razões um tanto diferentes, outras questões estavam claramente além do escopo da ação dos Estados e nelas também o governo central deveria receber poderes: definir e punir a traição, estabelecer e exercer jurisdição sobre uma sede permanente do governo, manter e governar os territórios federais do oeste que tinham sido cedidos pelos Estados, providenciar a instituição de novos Estados e a sua admissão à União, manter um serviço postal eficiente e, segundo alguns, fazer benfeitorias internas. Se tais campos de ação fossem atribuídos ao governo central, os Estados ainda seriam livres para exercer autoridade suficiente em questões locais. Mas a experiência também havia mostrado que poderia surgir uma ocasião em que um Estado viesse a precisar de uma mão forte para ajudá-lo a preservar a ordem dentro de seus limites. A Rebelião de Shays[20] deixou uma lição muito necessária. Não era suficiente colocar a milícia estadual sob algum controle central. O governo central deveria ter poderes para manter um exército e uma marinha eficientes para proteger os Estados contra desordens internas, bem como contra perigos externos. Em outras palavras, a autoridade do governo federal deveria ser eficaz em tempo de paz e também

20 N.T. A Rebelião de Shays ocorreu em Massachusetts nos anos de 1786 e 1787. Nomeada em razão do papel de um de seus líderes, Daniel Shays, a insurgência teve como uma das causas a tributação imposta pelo governo estadual, considerada elevada pelos rebeldes. Na ocasião, o Congresso Continental se viu incapaz de financiar as tropas necessárias ao controle da revolta, o que acabou ocorrendo tão-somente com a atuação da milícia estadual e de tropas financiadas por capital privado. O episódio passou a ser visto como um forte sinal da necessidade da alteração dos Artigos da Confederação.

em tempo de guerra. Como uma salvaguarda para os Estados na manutenção de suas instituições republicanas, a garantia de suas Constituições e leis era considerada essencial.

Alguns dos observadores mais superficiais tendiam a atribuir as dificuldades da Confederação à organização defeituosa do governo. Montesquieu, cujos escritos foram tomados como evangelho político, havia indicado a necessidade absoluta de separar os poderes Legislativo, Executivo e Judiciário. Deveria, portanto, haver um Executivo separado que deveria ser capaz de tomar a iniciativa quando a ocasião fosse exigida, que deveria ser capaz de agir nas relações exteriores e que, com ou sem um órgão de aconselhamento, deveria ter o poder de nomeação e a prerrogativa de veto. Deveria haver um Judiciário federal organizado que deveria ter, além do que já desenvolvido sob os Artigos da Confederação, jurisdição em assuntos relativos a estrangeiros ou pessoas de outros Estados. E a composição do Congresso deveria ser totalmente mudada: deveria haver duas Casas e um Conselho de Revisão; o método de votação por Estados e o requisito de nove votos não deveria ser mantido; o número de membros deveria ser maior e o povo deveria ser representado diretamente; as sessões deveriam ser definidas e não alternadas com tanta frequência de um lugar para outro; a presença deveria ser obrigatória; os membros deveriam ser proibidos de exercer outros cargos; e os mandatos e a remuneração dos membros deveriam ser tais a atrair os melhores homens do país.

Embora reconhecendo a justiça dessas queixas e a sabedoria das reformas propostas, observadores mais atentos perceberam que talvez a fraqueza fundamental da Confederação fosse a incapacidade do Congresso de fazer cumprir suas determinações. Nas condições existentes, poderia ser suficiente tornar a Constituição Federal superior às Constituições Estaduais e dar ao governo central uma negativa ou algum tipo de controle sobre a legislação estadual, juntamente com o Direito e o poder de coerção. Mas houve alguns que estudaram a situação e viram que as mudanças desejadas eram de tal magnitude que, se fossem realizadas, a Confederação se transformaria por completo. Eles, portanto, eram favoráveis a um governo central agindo diretamente sobre o povo e com poder para exigir a obediência.

A tentativa de emendar os Artigos da Confederação havia ensinado, por amarga experiência, que a objeção de um único Estado era suficiente para bloquear a vontade de todos os outros. Era evidentemente necessário, então, que se fizessem provisões para emendas à nova Constituição com o consentimento de menos do que o número total de Estados. Também sentiu-se que este mesmo princípio deveria ser aplicado nas modificações propostas no instrumento existente, e aqueles que eram a favor de um governo agindo diretamente sobre o povo defenderam como primeiro passo neste processo que as mudanças a serem feitas à Constituição deveriam ser ratificadas pelo povo e não pelos Legislativos estaduais.

Os pontos que foram observados representam aproximadamente o que os membros da Convenção pareciam ter em mente na época de sua reunião na Philadelphia quando falavam dos defeitos da Confederação. Parece provável que, quando homens como Madison e Hamilton tentassem apontar os defeitos da Confederação, eles naturalmente incluíssem todos os requisitos para um bom governo que faltavam nos Artigos da Confederação. Mas os defeitos mencionados são muito mais abrangentes do que aqueles que seriam notados por uma pessoa comum. Mesmo o resumo de Madison – preparado pouco antes da Convenção se reunir, com uma longa experiência no Congresso da Confederação e após um estudo cuidadoso de todas as confederações conhecidas na história – está apenas aproximadamente completo.

A tarefa específica que a Convenção tinha diante de si era remediar uma série de defeitos perfeitamente definidos, cada um dos quais tendo sido revelado na experiência de pouco mais de dez anos. Era uma época em que os homens se entregavam à especulação filosófica e à teorização política, mas fazendeiros e comerciantes são pessoas práticas, e a característica marcante dos autores da Constituição era o senso comum pragmático. Ainda que vários dos delegados em preparação para sua tarefa tenham lido bastante sobre história e governo, quando se tratava dos problemas concretos diante deles, eles raramente, ou nunca, saíam de sua própria experiência e observação.

NOTA

Pelatiah Webster era um comerciante bem-sucedido da Philadelphia e interessado em questões financeiras, sobre as quais ele já havia escrito. Em 1783, ele publicou um pequeno panfleto intitulado "Uma Dissertação sobre a União Política e a Constituição dos Treze Estados Unidos da América, necessária à sua Preservação e Felicidade; humildemente oferecido ao público". Com base nisso, pleitos extravagantes foram feitos se referindo a Webster como o "arquiteto da Constituição". Algumas de suas ideias foram retiradas diretamente dos Artigos da Confederação e das emendas a ele propostas. Outras eram puramente fantasiosas e sem valor algum. Determinadas coisas que ele antecipadamente apontou foram posteriormente incorporadas à Constituição, mas não há a menor evidência de que seu panfleto ou suas ideias – direta ou indiretamente – realmente afetaram o trabalho da Convenção. Em outras palavras, parece que a Constituição teria assumido sua forma atual, ainda que o panfleto em questão nunca tivesse sido escrito.

CAPÍTULO IV

A ORGANIZAÇÃO DA CONVENÇÃO

A Convenção havia sido convocada para uma reunião na Philadelphia na segunda segunda-feira de maio. Em 1787, este dia caiu no décimo quarto dia do mês. Até aquele dia, no entanto, apenas poucos delegados haviam chegado e, como se tratava de uma reunião de delegações estaduais, era essencial que a maioria dos Estados estivesse representada. Em parte devido às dificuldades e lentidão da viagem, mas em outra parte devido aos atrasos costumeiros ocorridos no Congresso, onde a experiência tinha mostrado que era uma perda de tempo chegar pontualmente aos encontros, foi apenas na sexta-feira, dia 25 de maio, que sete Estados estavam representados e a Convenção pôde prosseguir com sua organização.

As reuniões foram realizadas na *Pennsylvania State House*, e é comumente suposto que o *Independence Hall* foi a sala que foi utilizada. Manasseh Cutler visitou a Philadelphia no verão de 1787 e em seu diário de 13 de julho ele dá uma breve descrição da *State House*, na qual registra que "o *hall* à leste do corredor é empregado para negócios públicos. A câmara sobre ele é ocupada pela Convenção Continental, que agora está reunida". John F. Watson, em seus Anais da Philadelphia, confirma essa declaração e dá a informação adicional de que a calçada da rua estava coberta de terra para que os trabalhos desta augusta assembleia não fossem perturbados pelo tráfego que passava.[21]

A primeira missão era escolher um Presidente. Como Presidente do Estado em cuja capital a Convenção se reunia, bem como em virtude de sua idade e reputação, Franklin poderia ser considerado com direito a essa honra. Mas quando a sessão foi aberta na manhã do dia 25 com a presença da maioria dos Estados, Robert Morris, em nome da delegação da Pennsylvania, propôs formalmente George Washington para Presidente da Convenção. O próprio Franklin deveria ter feito a indicação, mas como o tempo estava tempestuoso ele não ousou se aventurar na rua. Nenhum outro nome foi oferecido, e a Convenção procedeu imediatamente, mas formalmente, à votação após a indicação. Washington foi declarado eleito por unanimidade e foi formalmente conduzido à presidência por Robert Morris e John Rutledge. Com igual formalidade, mas "de maneira muito enfática", Washington agradeceu à Convenção pela honra que lhe conferia e, em termos aparentemente pomposos, "lamentou sua falta de melhores qualificações" para o cargo. Ele então propôs que um secretário fosse nomeado.

As vantagens financeiras do secretário dificilmente eram atrativas por si só e deve ter sido a esperança de que isso pudesse levar a alguma futura preferência política que induziu vários delegados a se candidatarem ao cargo. Um deles era o major William Jackson, que havia prestado serviço ativo na Revolução, havia sido secretário de John Laurens em sua missão na França em 1781, e depois havia sido nomeado Secretário Adjunto de Guerra. Jackson, muito astutamente, fez alguma campanha eleitoral com antecedência, escrevendo ele mesmo para alguns dos delegados mais importantes e fazendo com que seus amigos escrevessem por ele. A vantagem disso foi percebida quando a nomeação foi feita. Jackson recebeu o voto de cinco Estados, enquanto o único

---

21 *Edition of 1857*, vol. I, p. 402.

outro candidato formal, o sobrinho de Franklin, Temple Franklin, obteve apenas dois.

A próxima etapa do procedimento foi a leitura das credenciais dos deputados, e foi notado com alguma preocupação que os de Delaware estavam proibidos de alterar o princípio da Confederação de que cada Estado teria um voto igual. George Mason comentou sobre isso em uma carta a seu filho, e acrescentou que "nenhum outro Estado... restringiu seus delegados em qualquer assunto". Uma comissão de três foi então eleita por votação para preparar as regras de procedimento interno e, após nomear um mensageiro e um porteiro, a Convenção foi suspensa até a próxima segunda-feira.

Na segunda-feira, mais dois Estados estiveram representados e o dia foi dedicado à consideração do relatório da comissão acerca das regras de procedimento interno. Além dos métodos ordinários de procedimento parlamentar, duas coisas foram acordadas que são essenciais para a compreensão do funcionamento da Convenção. Em primeiro lugar, toda a organização da Convenção foi baseada na representação por Estado: cada Estado tendo um voto, sete Estados fazendo quórum e uma maioria dos Estados presentes sendo competentes para decidir todas as questões, embora os delegados de um Estado, por simples requerimento, pudessem adiar a votação sobre qualquer questão até o dia seguinte. O assunto da representação por Estado foi objeto de discussão informal durante os dias que decorreram enquanto os delegados aguardavam o quórum. Os delegados da Pennsylvania, e Gouverneur Morris em particular, instaram "que os grandes Estados deveriam se unir para recusar firmemente aos pequenos Estados um voto igual, como não razoável, a permitir aos pequenos Estados negar todo bom sistema de governo". Os delegados da Virginia, no entanto, conseguiram sufocar o projeto por medo de que "pudesse gerar altercações fatais entre os grandes e os pequenos Estados".

Em segundo lugar, considerou-se importante que os delegados fossem protegidos de críticas e que suas discussões estivessem livres da pressão da opinião pública. Consequentemente, foi decidido não permitir o registro de votação nominal, e foi ainda ordenado que "nenhuma cópia seja tirada dos registros... sem autorização da própria Convenção", que "só os membros tivessem permissão para inspecionar os registros", e que "nada falado na Câmara fosse impresso, ou de outra forma publicado, ou comunicado sem autorização". Em outras palavras, as sessões deveriam ser estritamente secretas. Há um relato da época revelando o cuidado excessivo tomado para proteger a Convenção da intrusão que afirma que "sentinelas são plantadas por fora e por dentro – para evitar que qualquer pessoa se aproxime – que parecem estar muito alertas no desempenho de seus deveres".

Dois dias e parte do terceiro foram dedicados ao trabalho da organização, e quando os assuntos principais da Convenção foram iniciados, em 29 de maio, havia dez Estados representados com cerca de quarenta delegados presentes. Com exceção de um adiamento de dois dias durante o 4 de julho, e outro de dez dias, de 26 de julho a 6 de agosto, para permitir que uma importante comissão preparasse seu relatório, a Convenção permaneceu em sessão contínua (exceto aos domingos) até 17 de setembro. Houve uma semana na última parte de agosto em que o horário de encerramento foi fixado para às quatro horas, mas, fora isso, os horários das sessões diárias parecem ter sido das dez da manhã às três da tarde.

A ordem de sigilo foi observada de forma tão escrupulosa que só muitos anos depois é que se soube algo definitivo sobre o que aconteceu na Convenção. No período que se seguiu à Guerra de 1812,[22] quando importantes questões envolvendo a interpretação

---

22 N.T. A Guerra de 1812, ou a Guerra Anglo-Americana, foi um confronto travado entre os Estados Unidos e o Reino Unido, cada qual com suas nações indígenas aliadas. As causas da guerra se ligam às tensões decorrentes da expansão territorial americana e do apoio do Reino Unido às tribos que resistiam à ocupação dos Estados Unidos na direção dos chamados territórios do noroeste. O Tratado de Ghent, assinado em 1814, encaminhou o fim da guerra. Para uma linha de historiadores, a Guerra de 1812, por sua

constitucional foram levantadas perante o público, o Congresso ordenou que fossem impressos todos os atos e procedimentos da Convenção que estavam em poder do governo. O resultado foi decepcionante. As atas do secretário não foram bem conservadas e nunca foram escritas como deveriam em um registro completo. Na melhor das hipóteses, elas consistiam apenas em moções formais e nos votos por Estados. Mas a aura de sigilo foi quebrada e, em vários momentos, desde aquele dia até hoje, vieram à luz as notas e registros mantidos por diferentes membros. A maioria deles é fragmentada. Houve um homem, no entanto, que reconheceu a importância desta reunião, vislumbrou o interesse que com toda a probabilidade seria atribuído aos seus procedimentos e que decidiu deixar um registro tão completo quanto possível de tudo o que aconteceu. Esse homem era Madison, e ele começou sua tarefa autoimposta em sua maneira metódica usual, que é melhor descrita em suas próprias palavras:

> Eu escolhi um assento na frente do membro Presidente, com os outros membros à minha direita e esquerda. Nesta posição favorável para ouvir tudo o que passou, anotei em termos legíveis e em abreviaturas e marcas inteligíveis para mim mesmo o que foi lido da Mesa ou falado pelos membros; e não perdendo um momento desnecessariamente entre o encerramento e a remontagem da Convenção, pude escrever minhas anotações diárias durante a sessão, ou alguns dias após o seu encerramento.

Madison disse mais tarde ao Governador Edward Coles que o trabalho de registrar os debates, somado ao confinamento a que sua participação na Convenção o sujeitava, quase o matou, mas que, tendo se comprometido à tarefa, ele estava determinado a cumpri-la. Ele levava seu trabalho tão a sério que parecia ter

---

importância, representou a chamada Segunda Guerra de Independência dos Estados Unidos da América.

sufocado qualquer senso de humor que possuía e privou suas notas de quaisquer qualificações mais animadas. Mas qualquer estudante do assunto está no mais profundo débito para com ele. De suas anotações, complementadas por outras notas muito irregulares, pode-se obter um relato bastante preciso e completo dos procedimentos.

Ao analisar o importantíssimo trabalho da Convenção de estruturar a Constituição dos Estados Unidos, é bom manter certos fatos e condições continuamente em mente. Em primeiro lugar, embora houvesse cinquenta e cinco delegados que participaram da Convenção em uma ocasião ou outra, esse não é o número dos que geralmente estavam presentes. Alguns delegados chegaram atrasados a Philadelphia, outros saíram mais cedo e muitos compareceram irregularmente. A partir de um estudo cuidadoso de todos os dados disponíveis, apoiado por uma única declaração contemporânea, parece que a frequência média era pouco ou nada mais do que trinta. Consequentemente, como usamos os termos no atual momento, este corpo era mais como uma grande Comissão do que uma Convenção.

Em seguida, a importância da ocasião foi reconhecida tanto pelos delegados quanto pelo público em geral. A partir do momento que eles e seu trabalho foram objeto de oração e pregação nas igrejas, quando se tornaram objeto do segundo brinde em banquetes, logo após "os Estados Unidos!", não é surpreendente que os membros da Convenção levaram seu trabalho a sério, e que alguns dos delegados, de fato, também se levaram a sério. Madison afirmou na Convenção, e Hamilton repetiu depois dele, que eles "deveriam agora decidir para sempre o destino do governo republicano". Poucos dias depois, Gouverneur Morris disse que "toda a raça humana será afetada pelos procedimentos desta Convenção". E depois que a Convenção terminou, Wilson disse:

> Após o lapso de seis mil anos desde a criação do mundo, a América agora apresenta a primeira ocorrência de um povo

> reunido para ponderar deliberada e calmamente, e para decidir calma e pacificamente, sobre a forma de governo pela qual eles se vincularão em sua posteridade.[23]

É claro que aqueles que eram os mais sinceros em seus desejos e esforços de reforma eram os mais constantes em sua participação. A Convenção, portanto, não foi apenas uma pequena reunião, mas também estava imbuída de um espírito excepcionalmente sério.

Em terceiro lugar, há ampla evidência para mostrar que não havia poucas relações sociais entre os delegados, e é inevitável que nessas ocasiões houvesse considerável discussão sobre os tópicos da Convenção. Em outras ocasiões, havia reuniões semiformais, que quase poderiam ser chamadas de *caucuses*,[24] de partidos ou grupos específicos, onde planos eram formulados e acordos firmados para apoiar ou se opor a medidas específicas. Aconteceu também que vários delegados estavam hospedados no *Indian Queen*, uma taberna na *Fourth Street*, entre a *Market* e a *Chestnut*, dentre os quais Gorham, Strong, Hamilton, Madison, Mason, Rutledge e Charles Pinckney; e o mero fato de que eles tinham um "Hall" onde viviam sozinhos é significativo. Até que ponto as reuniões e discussões externas foram realizadas, ou que papel tiveram nos resultados finais, provavelmente nunca será conhecido. Sua existência, entretanto, deve ser reconhecida. Particularmente em matéria de concessões e acordos, os encontros externos à Convenção eram, sem dúvida, de grande serventia. A influência pessoal deve ter sido um fator importante no trabalho da Convenção; e então, como agora, poderia ser exercida com mais eficácia fora do que dentro das sessões formais.

---

23 McMaster and Stone, *Pennsylvania and the Federal Constitution*, p. 222.

24 N.T. Embora as definições exatas de "*caucus*" variem de acordo com as legislações estaduais, a ideia geral é que um "*caucus*" consiste na reunião de apoiadores ou membros de um partido (ou de determinado movimento político específico) para nomear candidatos para órgãos representativos ou para definir diretrizes políticas.

Finalmente, há o elemento mais importante, porém evasivo, ao qual acabamos de fazer referência, qual seja, o da influência pessoal. Seu maior efeito deve ter sido sentido fora das sessões formais, mas a extensão disso nunca pôde ser conhecida. Deve ter sido também um elemento considerável nas sessões formais da Convenção, e mesmo aqui é um fator difícil de ser considerado. Ao descrever a personalidade dos vários membros das diferentes delegações estaduais, foi feita uma tentativa de apresentar algo pelo menos do ponto de vista contemporâneo, isto é, trazer à tona a provável atitude dos delegados para com algum membro em particular. Pelo fato de que os votos foram registrados por Estados, geralmente se perde de vista que os votos de indivíduos eram aparentemente conhecidos, pelo menos em muitos casos. Madison registra os votos de determinados indivíduos várias vezes, aparentemente para mostrar os homens que apoiavam ou se opunham a questões importantes ou nas quais ele estava particularmente interessado.

É difícil, senão temerário, tentar atribuir importância ou influência determinante a qualquer homem em particular quando as evidências são tão escassas. As posições que foram tomadas por vários homens nos debates da Convenção serão parcialmente expostas na descrição dos procedimentos, mas parece valer a pena notar um homem que não tomou posição nas discussões, mas cuja influência acredita-se ter sido importante. Esse homem era George Washington, o Presidente da Convenção. Sua presença imponente e o respeito, quase elevado à adoração, que ele inspirou devem ter tido peso, especialmente em uma reunião tão pequena em uma "sala comprida" com o Presidente sentado em uma plataforma elevada. Confirmando essa crença, uma anedota divertida é contada sobre um incidente bem no início do processo. Um dos membros deixou cair uma cópia das proposições que estavam perante a Convenção para consideração, e ela foi pega por outro delegado e entregue ao General Washington. Terminados os debates do dia, pouco antes de colocar em questão o adiamento, Washington levantou-se de sua cadeira e repreendeu o membro por seu descuido.

> "Devo suplicar aos senhores que tenham mais cuidado para que nossas tratativas não cheguem aos jornais e perturbem o repouso público com especulações prematuras. Não sei de quem é o documento, mas aí está (jogando-o na mesa), que o leve aquele que o perdeu". Ao mesmo tempo, ele se curvou, pegou seu chapéu e saiu da sala com uma dignidade tão severa que todas as pessoas pareceram alarmadas... É algo notável que nenhuma pessoa jamais tenha reivindicado o documento.

Conta-se outra anedota, mas não com tanta autoridade, que indica que Washington não agiu com a imparcialidade que costumeiramente atribuímos ao Presidente: que ele havia permitido que suas simpatias fossem demonstradas; e que ele realmente irradiava sua aprovação e franzia a testa em desaprovação às ideias das quais discordava. Fosse ou não esse o caso, Washington era evidentemente um nome a ser evocado e, se as opiniões de Washington eram conhecidas, deviam ter peso.

E as opiniões de Washington eram conhecidas. No intervalo que decorreu enquanto os delegados se reuniam e a Convenção se organizava, houve muita discussão informal sobre o trabalho a ser feito, e um incidente foi relatado por Gouverneur Morris. Certa manhã, no salão de convenções, antes que o quórum fosse atingido, alguns dos presentes defendiam soluções intermediárias como mais prováveis de obter a aprovação do povo do que qualquer reforma completa. Washington interrompeu a discussão com uma expressão de opinião que estabeleceu sua posição além de qualquer dúvida:

> É muito provável que nenhum plano que propomos seja adotado. Talvez outro conflito terrível deva ser sustentado. Se para agradar ao povo oferecemos o que nós mesmos reprovamos, como podemos depois defender nosso trabalho? Vamos erguer um padrão que os sábios e os honestos possam reparar. Os eventos estão nas mãos de Deus.

Além disso, na própria Convenção, onde a tradição atribuiu a Washington o papel do Presidente que não tomava partido, conhecemos muitas de suas opiniões. Luther Martin menciona o fato de que Washington evidentemente aprovava o que estava sendo feito em certas ocasiões, e há várias referências a ele nos debates. Mas o mais importante é que, apesar de estar na mesa, ele votou com os delegados da Virginia, e Madison registra várias vezes o voto individual de Washington para mostrar que ele estava ao seu lado na questão. Tudo isso indica que era aparentemente bem conhecido como Washington se posicionou em quase todos os assuntos importantes perante a Convenção.

Por mais intangível que seja, por mais impossível que seja medir sua extensão ou sua força, a mera existência do elemento pessoal deve ser reconhecida e mantida em mente. Complicações surgiram e foram encontradas soluções explicáveis apenas na suposição da influência desse fator indefinido.

CAPÍTULO V

O PLANO DA VIRGINIA

A Virginia assumiu a liderança na realização da Convenção e, de modo geral, considerou-se que cabia aos delegados daquele Estado sugerir um plano de ação. Consequentemente, seus delegados aproveitaram a demora para a formação de um quórum inicial a fim de reunir-se por duas ou três horas todos os dias e concordaram com uma série de resoluções a serem apresentadas à consideração de seus colegas. Foi em 29 de maio, assim que o trabalho de organização foi concluído, que o Governador Randolph, em nome da delegação da Virginia, apresentou este esboço à Convenção. Evidências internas indicam muito do trabalho de Madison na formulação dessas resoluções, mas, pelo fato de terem sido apresentadas por Randolph, eram comumente chamadas de Resoluções de Randolph; elas são mais apropriadamente designadas como Plano da Virginia. Essas resoluções são importantes porque, emendadas e ampliadas, foram desenvolvidas passo a passo até que finalmente se tornaram a Constituição dos Estados Unidos.

Ao assim abrir os trabalhos, Randolph fez um discurso elaborado no qual enumerou várias das deficiências mais flagrantes do governo existente. Ele declarou a Confederação incapaz de enfrentar a crise e propôs como remédio as quinze resoluções que constituíam o Plano da Virginia. Apesar de a primeira resolução afirmar que os Artigos da Confederação deveriam ser "corrigidos e ampliados", as mudanças propostas eram tão radicais que era realmente um novo instrumento de governo, o que foi recomendado. Foi até dito que Randolph "confessou abertamente que não se destinavam a um governo federal[25] – ele defendia uma união forte e consolidada".

Em primeiro lugar, previa-se a separação dos três poderes do Estado – Legislativo, Executivo e Judiciário. Em segundo lugar, o Legislativo deveria consistir em duas Casas, das quais a primeira deveria ser eleita pelo povo dos vários Estados, a segunda deveria ser escolhida pela primeira dentre pessoas indicadas pelos Legislativos estaduais, e a votação em ambas as Casas deveria ser proporcional às cotas de contribuição ou ao número de habitantes livres, ou a ambos. O Legislativo deveria ter as atribuições do Congresso da Confederação, com poderes adicionais para cobrir todos os casos em que os diferentes Estados fossem incompetentes, juntamente com o direito de invalidar leis estaduais que violassem os "Artigos da União" e de usar a força contra qualquer Estado que não cumprisse o seu dever.

Por sua vez, o Executivo seria escolhido pelo Legislativo nacional e não seria elegível para um segundo mandato. O Executivo e "um número conveniente do Judiciário nacional" constituiriam um Conselho de Revisão com veto sobre atos legislativos, o qual poderia, entretanto, ser derrubado por uma votação subsequente de ambas as Casas. Deveria haver também um Judiciário nacional, composto de um tribunal supremo e de cortes inferiores, escolhidos pelos legisladores "para exercer seus cargos durante bom comportamento", com jurisdição em questões marítimas, nos casos em que os estrangeiros fossem interessados, ou que tratassem da "cobrança de receitas nacionais, *impeachments* de quaisquer oficiais nacionais e questões que pudessem envolver a paz e harmonia nacionais".

25 Durante a primeira parte da Convenção, o termo "federal" foi usado para se referir a uma Confederação distinta de um governo nacional e só mais tarde recebeu seu significado atual.

Dever-se-iam prever, também, a admissão de novos Estados por menos do que uma votação unânime, a garantia a cada Estado de um governo republicano e de seu território, a emenda dos Artigos da União sem o consentimento do Legislativo nacional e a vinculação de oficiais do Estado, por meio de juramento, para apoiar os Artigos da União. Por fim, foi proposto que quaisquer emendas que pudessem ser elaboradas incorporando essas mudanças deveriam ser submetidas, após sua aprovação pelo Congresso, as convenções especialmente escolhidas para esse fim pelo povo de cada Estado.

Como algum tempo na abertura da sessão havia sido consumido para completar os detalhes na organização, e como Randolph havia feito um "discurso longo e elaborado", quando ele terminou a hora do encerramento já se aproximava. A Convenção, portanto, decidiu que levaria em consideração o Plano da Virginia no dia seguinte e, para esse propósito, determinou-se a conversão de toda a Convenção em uma Comissão plenária,[26] visto que isso permitiria uma discussão mais livre e ações menos formais.

Outro plano foi então apresentado à Convenção por Charles Pinckney, de South Carolina. Parece que ele havia preparado esse plano antes de vir para a Philadelphia e, evidentemente, esperava fazer um discurso explicando suas ideias. Devido ao adiantado da hora, no entanto, ele não pôde fazer nada além de apresentar o documento perante a Casa. O esforço de um indivíduo teria pouco peso em comparação com as propostas de uma delegação importante como a da Virginia, e é bem possível que a Convenção tenha considerado essa ação de um de seus membros mais jovens um tanto presunçosa. De qualquer forma, no que parece ter sido uma ação puramente formal, o Plano de Pinckney foi encaminhado à Comissão plenária e não foi objeto de discussão em momento algum.

---

26 N.T. O chamado *Committee of the whole* abarcaria a integralidade dos membros da Convenção, em uma espécie de Plenário. Para fins do presente trabalho, abordaremos o *Committee of the whole* como Comissão plenária.

Em 30 de maio, de acordo com a votação do dia anterior, a Convenção se converteu em uma Comissão plenária e Nathaniel Gorham, de Massachusetts, foi colocado na direção dos trabalhos. Diariamente, até o dia 13 de junho, o mesmo procedimento foi seguido. Isto é, por duas semanas, exceto para negócios puramente formais, a Convenção continuou atuando como uma Comissão plenária, e o único assunto de discussão foi o Plano da Virginia, conforme incorporado nas resoluções apresentadas por Randolph.

A primeira das resoluções era geral e introdutória em sua natureza e previa "que os Artigos da Confederação deveriam ser corrigidos e ampliados de modo a cumprir os objetivos propostos por sua instituição". Feita a objeção de que isso era incompatível com as mudanças envolvidas nas resoluções subsequentes, Randolph propôs resoluções alternativas em substituição, das quais a primeira era "que uma União dos Estados meramente federal não cumpriria os objetivos propostos pelos Artigos da Confederação". Nova objeção foi feita no sentido de que, tendo em vista que a Convenção fora designada para revisar a Confederação, declará-la incapaz de emendas era pôr fim à reunião de uma vez por todas. Consequentemente, uma nova resolução substitutiva foi adotada: "que um governo nacional deve ser estabelecido consistindo de um Legislativo, Executivo e Judiciário supremos". Embora a discussão que se seguiu tenha se voltado "menos para seus méritos gerais do que sobre a força e extensão dos termos 'nacional' e 'supremo'", as questões levantadas foram de primeira importância, especialmente quanto aos poderes da Convenção para considerar algo além de emendas aos Artigos da Confederação. A resolução substituta foi finalmente adotada por uma votação que era bastante indicativa das linhas de divisão subsequentes: Massachusetts, Pennsylvania, Delaware, Virginia, North Carolina e South Carolina foram favoráveis, Connecticut foi contrário, e o voto de New York foi dividido, com Hamilton a favor e Yates contra.

Com a chegada de delegados adicionais ao longo dos dias, os oponentes ao Plano da Virginia aumentaram. Lansing, de New

York, aliou-se a Yates contra Hamilton e deu o voto daquele Estado ao lado oponente. New Jersey e Maryland, ao serem representados, tinham direito a voto e foram considerados na oposição. Delaware também passou para o outro lado, o que em parte foi devido às instruções aos seus delegados, e em parte ao fato de que a combinação havia se tornado forte o suficiente para fazer a oposição valer a pena. Dos recém-chegados, apenas a posição da Georgia era incerta e seus delegados poderiam ser conquistados para qualquer um dos lados.

Tendo sido acordado prosseguir em linhas de reforma um tanto radical, as questões relativas à natureza e à extensão da reorganização tornaram-se importantes. Por envolver princípios fundamentais, o tema da composição do Legislativo, naturalmente, provocou mais discussão. Que o Legislativo deveria consistir em duas Casas foi pronta e unanimemente aceito. Mason expressou muito bem a opinião geral quando disse alguns dias depois que

> a mente do povo da América... estava incerta em alguns pontos: mas... em dois pontos ele tinha certeza de que estava bem resolvida. 1. No apego à forma republicana de governo. 2. No apego a mais de uma Casa no Legislativo.

Há uma história de que Thomas Jefferson, cerca de dois anos depois, ao retornar da França, protestava a Washington contra o estabelecimento de duas Casas no Legislativo. O incidente ocorreu na mesa do café da manhã, e Washington perguntou: "por que você despejou esse café em seu pires?" "Para esfriar", respondeu Jefferson. "Da mesma forma" – disse Washington – "despejamos legislação no pires senatorial para esfriá-la".

Em relação à importantíssima questão da representação proporcional, o problema dos poderes dos delegados, notadamente de Delaware, foi novamente levantado. Mas a Convenção prosseguiu com um belo descaso quanto a isso, e a verdadeira guerra foi travada no que diz respeito ao princípio da representação proporcional na Câmara

Baixa. Os líderes da oposição em debate foram Brearley e Paterson, de New Jersey, e quando se chegou a uma votação sobre esta questão, a delegação de New Jersey só conseguiu obter o apoio de New York e Delaware, com Maryland dividida. Sete Estados votaram contra eles. Que a representação deveria ser proporcional à população e que cinco escravos deveriam ser contados como três homens livres foi a regra adotada, com apenas New Jersey e Delaware votando contra. Aplicar o princípio da representação proporcional à Casa Alta provocou uma oposição mais forte. O voto de Maryland não foi mais dividido, e Connecticut também foi contrário. Ainda assim, isso não foi suficiente para derrotar a proposta, e a resolução foi adotada por seis Estados contra cinco. A oposição havia perdido, mas a minoria era grande e forte o suficiente para encorajar mais esforços, e medidas foram consertadas para impulsionar seus pontos de vista.

O método de escolha dos membros do Legislativo também causou considerável discussão. Sherman, Gerry e os dois Pinckneys foram enfáticos em seu apoio à eleição pelos Legislativos estaduais, enquanto Wilson, Madison e Mason defendiam a eleição pelo povo. Por meio de uma votação de reconsideração, a questão da eleição da Câmara Baixa foi duas vezes objeto de debate, e duas vezes a Comissão plenária votou por amplas maiorias a favor de uma eleição pelo povo dos vários Estados. Para a eleição dos membros da Câmara Alta, o método proposto no Plano da Virginia era insatisfatório, qual seja, de uma eleição pela Câmara Baixa a partir de indicações feitas pelos Legislativos estaduais. Seria difícil dizer de onde surgiu a ideia de permitir que os Legislativos estaduais fizessem a escolha diretamente. De uma forma ou de outra, ela foi sugerida por vários oradores em diferentes momentos do debate. E quando pela segunda vez foi decidido que a Câmara Baixa deveria ser eleita pelo povo, o sentimento a favor de eleger a outra Casa pelos Legislativos estaduais foi tão forte que, apesar da oposição de Wilson e Madison, foi aprovado à unanimidade.

As outras questões relativas à composição do Legislativo foram de menor importância. O mandato da Câmara Baixa foi fixado em três anos e o da Câmara Alta em sete. Não havia especificação para a Câmara Baixa, mas os membros da Câmara Alta deveriam ter pelo menos trinta anos de idade. Os membros de ambas as Casas deveriam ser pagos pelo tesouro nacional e foram declarados inelegíveis para cargos estaduais ou nacionais durante seu mandato e no ano subsequente.

Quando se tratou da questão dos poderes a serem conferidos ao Legislativo, havia uma vontade geral de se conceder amplos poderes, desde que cuidadosamente definidos. As competências legislativas do Congresso foram acordadas à unanimidade. Apesar da imprecisão da redação, o poder de legislar em todos os casos em que os Estados eram incompetentes foi reconhecido por uma maioria esmagadora. A prerrogativa de negar vigência às leis estaduais que violassem os Artigos da União foi acordada e as leis que violassem os tratados foram incluídas, mas o poder mais geral de negar vigência a quaisquer leis estaduais foi rejeitado. Como surgiram dúvidas sobre o uso da força contra um Estado, o assunto foi adiado e aparentemente nunca mais foi abordado.

Outro assunto que provocou discussão envolveu o Executivo. Havia vários dos delegados, entre os quais estava Randolph, que desconfiavam de um Executivo unitário pela semelhança com a monarquia, e que eram a favor de um órgão de três ou mais membros. Mas a Convenção decidiu a favor de uma única pessoa. Então a questão do método de eleição e do mandato tornou-se importante. Logo no início surgiu a dificuldade que mais tarde se transformou em uma complicação quase insuperável. Se o Executivo fosse escolhido pelo Legislativo, ele não deveria ser passível de reeleição para não cortejar o favor do Legislativo a fim de garantir para si outro mandato. Assim, o mandato único deveria ser longo. Mas a possibilidade de reeleição era considerada como o melhor incentivo ao fiel cumprimento do dever, e se se aceitasse o curto prazo e a reelegibilidade, a escolha pelo Legislativo era desaconselhável. A única solução era uma eleição por algum outro órgão que não o Legislativo. A eleição pelo povo parecia ser o método mais natural ao qual recorrer, mas tal método foi aparentemente considerado visionário e impraticável. Wilson foi o único a falar fortemente a favor disso, e ele se desculpou por parecer uma medida teórica e não prática. O substitutivo que ele propôs era um sistema de eleitores escolhidos pelo voto popular nos distritos, mas foi derrotado por esmagadora maioria. Em vez de algo melhor, foi adotada a proposta original do Plano da Virginia de que o Executivo deveria ser escolhido pelo Legislativo. O mandato foi então fixado em sete anos e restou vedada a reeleição.

Qualquer que tenha sido a intenção de seus patrocinadores, o resultado do método proposto no Plano da Virginia teria sido estabelecer um Executivo que seria uma criatura dependente do Legislativo. Mas a Convenção tinha uma preferência firme por um Executivo independente e levou essa ideia até onde foi possível nesta fase do processo. Por exemplo, além dos poderes e deveres executivos usuais, foi dado ao Executivo o poder de nomeação de cargos em todos os casos não previstos de outra forma, e no lugar de um Conselho de Revisão foi dado apenas ao Executivo o direito de veto, sujeito, no entanto, a ser derrubado por uma votação de dois terços de ambas as Casas. E o que talvez seja a indicação mais clara da intenção de tornar o cargo importante é que o Executivo foi submetido ao *impeachment*.

Que deveria haver um Judiciário nacional foi prontamente aceito por todos. Tampouco houve qualquer controvérsia sobre a jurisdição de tais tribunais a serem estabelecidos; de fato, as cláusulas da resolução original que indicavam as competências jurisdicionais foram eliminadas à unanimidade "para deixar espaço total para sua organização". Houve também apenas uma pequena discussão sobre a indicação dos juízes, que foi finalmente resolvida com a atribuição da aprovação à Casa Alta do Legislativo. A questão mais séria era a dos tribunais inferiores. A dificuldade estava no fato de que eles eram vistos como uma usurpação das atribuições dos Estados. Alegou-se que os tribunais estaduais eram perfeitamente competentes para o trabalho requerido, e que bastaria conceder um recurso deles à Suprema Corte nacional. A decisão alcançada foi uma antecipação de grande parte do trabalho posterior da Convenção; neste estágio inicial dos procedimentos, a solução pode ser considerada uma profecia do resultado final dos trabalhos da Convenção. Em outras palavras, a questão foi acordada: não eram necessários tribunais inferiores, mas o Legislativo nacional teria permissão para estabelecê-los.

As disposições restantes do Plano da Virginia não suscitaram muito debate. A admissão de novos Estados por menos de uma votação unânime foi aceita. Em vez de assegurar a cada Estado seu território e um governo republicano, garantia-se "uma Constituição republicana e suas leis existentes". Foi adotada a disposição para emendas à Constituição, com a exceção de que foi suprimida a cláusula que tornava desnecessário o parecer favorável do Legislativo nacional. Houve alguma discussão quanto à viabilidade e à conveniência da submissão das mudanças a serem propostas pela Convenção Federal a convenções popularmente escolhidas em cada Estado. Madison e Wilson eram favoráveis e entendiam que isso era fundamental. King era favorável por uma questão de conveniência. Sherman e Gerry se opuseram, o primeiro considerando os Legislativos estaduais competentes, o segundo desconfiando do povo. Wilson e Pinckney sugeriram também a ratificação por menos do que o número total de Estados. A questão da ratificação popular foi adiada, mas a votação final foi a favor e assim foi decidido.

Os procedimentos da Comissão plenária haviam se estendido por mais de duas semanas. No decorrer dos debates foi demonstrada uma notável liberdade de opinião. Não era de se esperar que houvesse um alinhamento nítido dos membros em um estágio tão inicial do trabalho. Madison e Wilson se apresentaram com destaque como líderes na defesa de um governo nacional forte. Eles foram fortemente apoiados por King e Gouverneur Morris, e, em geral também por Randolph, os Pinckneys, Mason e Gerry. É um ponto a não ser esquecido que Washington e Franklin inequivocamente lançaram sua influência neste lado.[27] Do outro lado estavam Sherman, Paterson, Brearley e Luther Martin, e foram ajudados por Bedford, Dickinson, Butler, Ellsworth, Lansing e Yates. À medida que a discussão prosseguia, tornou-se cada vez mais evidente que Connecticut, New York, New Jersey, Delaware e Maryland tendiam a votar juntos em oposição aos outros Estados liderados por Virginia, Pennsylvania e Massachusetts.

É notável que esta é quase a mesma divisão que se manifestou no antigo Congresso, sobretudo em conexão com a adoção dos Artigos da Confederação e as negociações sobre o Tratado de Paz.[28] Era uma divisão entre os Estados que reivindicavam terras a Oeste e os Estados que não tinham tais reivindicações. Era o caso dos pequenos Estados contra os grandes Estados, os primeiros temendo, muito naturalmente, que perdessem sua influência, mesmo que não fossem realmente absorvidos pelos últimos. Já se notou que a questão da representação proporcional agitou mais profundamente os pequenos Estados e que, quando foram derrotados, apenas foram estimulados a preparar novos esforços futuros. No momento, no entanto, parecia que os grandes Estados ou o partido do governo nacional haviam vencido. Em 13 de junho, a Comissão plenária relatou à Convenção a aprovação das resoluções oferecidas por Randolph conforme emendas nos pontos que foram observados.

---

27 Luther Martin, em seu relatório ao Legislativo de Maryland, declarou: "o honorável Sr. Washington estava então no plenário, na mesma situação com os demais membros da Convenção em geral, para se opor a qualquer sistema que julgasse prejudicial, ou propor quaisquer alterações, ou emendas que julgasse benéficas. A essas proposições, assim relatadas pela Comissão, nenhuma oposição foi dada por aquele ilustre personagem, ou pelo Presidente do Estado da Pennsylvania. Ambos pareceram cordialmente aprová-las e dar-lhes sua calorosa concordância".

28 N.T. O Tratado de Paz, também conhecido por Tratado de Paris de 1783, foi o acordo pelo qual os britânicos reconheceram os Estados Unidos como nação soberana, findando-se assim a chamada Guerra da Independência.

NOTA

O Plano de Pinckney

Tendo em vista os equívocos ainda atuais sobre o plano submetido à Convenção por Charles Pinckney, parece conveniente oferecer uma breve explicação a título de advertência. O documento enviado por Pinckney a John Quincy Adams quando este preparava o jornal da Convenção Federal para publicação, e comumente impresso como o Plano Pinckney, não era uma cópia efetiva do plano que Pinckney submeteu à Convenção. Nenhuma cópia autêntica do plano original de Pinckney foi encontrada. Por métodos críticos foi possível determinar o conteúdo provável do original e, assim, identificar dois documentos que recentemente vieram à luz. Um é um esboço e o outro uma série de extratos do Plano Pinckney que foram feitos por James Wilson em preparação para algum trabalho especial da Comissão. A partir desses dois documentos é possível falar com algum grau de certeza sobre o que continha o Plano de Pinckney. Esses documentos com maiores explicações podem ser encontrados nos *Records of the Federal Convention* do presente autor.[29]

---

29 N.T. *The Records of the Federal Convention of 1787*, editado por Max Farrand, é uma das grandes obras acadêmicas do início do século XX. Publicada em 1911, em 3 volumes, sobretudo a partir das notas de James Madison durante a Convenção Federal, a obra de Farrand continua a ser, até hoje, a melhor fonte para discussões acerca da elaboração da Constituição dos EUA em 1787. Os volumes incluem, também, notas e cartas de outros participantes da Convenção, assim como os diversos Planos propostos durante a reunião de 1787 na Philadelphia.

CAPÍTULO VI

O PLANO DE NEW JERSEY

Os representantes dos Estados menores, particularmente os de New Jersey, estavam cada vez mais insatisfeitos com o rumo das coisas. O clímax foi alcançado quando a representação proporcional foi votada tanto para a Câmara Alta como para a Baixa. Essa ação foi tomada em 11 de junho e parece que serviu para unir a oposição. De qualquer forma, quando a Convenção se reuniu em 14 de junho e estava prestes a prosseguir para a consideração do relatório da Comissão plenária, isto é, das alterações ao Plano da Virginia, Paterson solicitou um adiamento imediato para o dia seguinte. A razão dada para este pedido foi que várias delegações estavam preparando um plano "puramente federal" diferente do que estava diante da casa e achavam que poderiam tê-lo pronto até amanhã. O pedido foi imediatamente atendido.

Em 15 de junho, Paterson apresentou à Convenção o plano que ele e seus apoiadores "desejavam que substituísse o proposto pelo Sr. Randolph". O plano era frequentemente chamado de Resoluções de Paterson, mas Paterson era apenas o porta-voz de sua própria delegação estadual, que liderou esse movimento, de modo que as resoluções são mais apropriadamente designadas como "Plano de New Jersey". Mas também deve ser lembrado que os representantes de Connecticut, New York e Delaware, e pelo menos Martin, de Maryland, fizeram causa comum com os delegados de New Jersey.

O plano apresentado estava, como já sugerido, em nítido contraste com o Plano da Virginia. Consistia em nove resoluções que incorporavam mudanças importantes, mas eram apenas emendas aos Artigos da Confederação. Em primeiro lugar, poderes adicionais deveriam ser conferidos ao Congresso para arrecadar uma receita por meio de taxas de importação, impostos de selo e taxas postais, e para regular o comércio. Caso a receita assim obtida fosse insuficiente, as requisições poderiam ser feitas aos Estados na proporção de sua população, contando três quintos dos escravos, e a cobrança poderia ser imposta aos Estados inadimplentes. Os atos do Congresso e tratados deveriam "ser a lei suprema dos respectivos Estados", e a força da União poderia ser usada contra indivíduos ou Estados para obrigar sua obediência.

Em segundo lugar, haveria um Executivo, presumivelmente de várias pessoas, eleito pelo Congresso, com poderes semelhantes aos concedidos no Plano da Virginia, exceto o direito de veto. Haveria também um tribunal supremo, nomeado pelo Executivo, com competência originária nos casos de *impeachment*, e com competência recursal dos tribunais estaduais nos casos marítimos, nos casos em que houvesse interesse de estrangeiros, ou que afetassem a elaboração de tratados ou de atos de regulação do comércio ou de arrecadação da receita federal. As outras mudanças propostas foram relativamente sem importância e não entraram no debate posterior.

Após alguma discussão sobre o melhor modo de proceder a fim de assegurar uma consideração justa para o novo plano, foi acordado seguir o mesmo curso que havia sido adotado para o Plano da Virginia. O novo plano foi, portanto, encaminhado a uma Comissão plenária. Para que os dois planos pudessem ser devidamente comparados, o plano alterado da Virginia foi, ao mesmo tempo, reintroduzido à Comissão.

Durante quase três dias, a Convenção continuou atuando como Comissão plenária. O debate foi confinado a alguns líderes, notadamente Paterson, Lansing e Ellsworth a favor do novo plano, com Madison, Wilson e Randolph se opondo. Os oradores não entraram em detalhes, mas se contentaram em contrastar os princípios gerais dos dois planos em consideração. Os defensores do Plano de New Jersey enfatizaram especialmente dois pontos: que ele estava de acordo com os poderes da Convenção e que era mais provável que fosse adotado pelo país em geral. Seus oponentes alegavam que, embora não tivessem poder para concluir nada, tinham o direito de propor qualquer coisa e insistiam na superioridade inerente de seu próprio plano.

No decorrer desse debate, Hamilton fez um discurso em cuja preparação ele evidentemente dedicou considerável cuidado e que se mostrou ser a única contribuição importante que ele deu às discussões da Convenção. Ele disse que até então havia permanecido em silêncio, em parte por respeito às opiniões dos outros, e em parte por causa da situação delicada de sua própria delegação, pois divergia radicalmente dos sentimentos de seus dois colegas. Ele sentiu, no entanto, na crise que havia se instalado, que era dever de todo homem contribuir com seus melhores esforços. Ele expressou sua desaprovação a ambos os planos diante da Casa, mas ao de New Jersey em particular. Declarou sua crença na necessidade de um governo fortemente centralizado e disse francamente que, em sua opinião, "o governo britânico era o melhor do mundo". Ele então leu um esboço de um plano de governo que havia preparado, não com a intenção de propô-lo à Convenção, mas apenas para apresentar suas próprias ideias de forma concreta.

As principais diferenças entre seu plano e o da Virginia eram: que o Executivo e os membros do Senado seriam eleitos por eleitores escolhidos pelo povo e serviriam durante bom comportamento; que o Executivo teria poderes mais amplos, incluindo veto absoluto; e que os Governadores dos vários Estados seriam nomeados pelo governo central e teriam um poder de veto sobre a legislação de seus respectivos Estados.

Em anos posteriores, antes que os procedimentos da Convenção fossem tornados públicos, Hamilton teve que se defender contra a acusação de ter favorecido a monarquia como a melhor forma de governo. A acusação foi baseada em relatórios distorcidos desse discurso e foi feita para fins políticos em um momento em que Hamilton era o opositor mais importante do partido democrata-republicano. Hamilton não havia proposto uma monarquia. Quando alguns de seus colegas delegados estavam hesitando por medo da opinião pública, ele se expressou corajosa e inequivocamente por um governo forte e centralizado que deveria estar livre de qualquer perigo de interferência estadual. Além disso, ele não acreditava que uma estimativa correta da opinião pública tivesse sido alcançada. Ele achava que o povo começava a "se cansar de um excesso de democracia" e, acrescentou, "o que é o Plano da Virginia senão o mesmo prato requentado, mas com um molho um pouco diferente?"[30]

O plano de Hamilton não provocou uma discussão, e isso não era esperado. Embora a lógica e a consistência de sua posição fossem reconhecidas, suas ideias eram radicais demais para receber qualquer aprovação geral. Como Johnson expressou, "o cavalheiro de New York... foi elogiado por todos e foi apoiado por ninguém".

É perfeitamente possível que, se o Plano de New Jersey tivesse sido apresentado à Convenção ao mesmo tempo que o Plano da Virginia, ou seja, em 29 de maio, e se, sem discussão, tivesse sido feita uma escolha entre os dois, teria o primeiro sido selecionado. O Plano de New Jersey representava mais fielmente o que a maioria dos delegados supunha que eles haviam sido enviados para

---

30 N.T. A expressão original utilizada por Hamilton e colacionada por Farrand era a seguinte: "what even is the Virginia plan, but pork still with a little change of the sauce?"

fazer. Mas, no decorrer das discussões de duas semanas, muitos dos delegados se acostumaram com o que poderia muito bem ter parecido para eles, no início, ideias um tanto radicais. Além disso, as mudanças feitas, por insignificantes que fossem, tornaram o Plano da Virginia muito mais aceitável. E assim, quando a questão foi apresentada a eles em 19 de junho como uma escolha entre o Plano de New Jersey e o Plano da Virginia conforme alterado, sete Estados votaram a favor do último, New York, New Jersey e Delaware votaram no primeiro, e o voto de Maryland foi dividido. É significativo que esta ação tenha sido tomada imediatamente após um discurso hábil de Madison, cujo apelo era que o Plano de New Jersey não "proporcionaria um governo que remediasse os males sentidos pelos Estados, tanto em sua capacidade coletiva quanto em sua individualidade".

CAPÍTULO VII

O GRANDE ACORDO

A Comissão plenária fez seu segundo relatório em 19 de junho, recomendando novamente o Plano da Virginia com as alterações, e a Convenção procedeu imediatamente a uma consideração mais detalhada das resoluções individualizadas. Os representantes dos grandes Estados, tendo cumprido seu objetivo principal, estavam agora dispostos a fazer algumas concessões em prol da harmonia. Por exemplo, a palavra censurável "nacional" foi eliminada da primeira resolução por votação unânime, e foi "obviamente" retirada de cada uma das resoluções subsequentes. Como alguns dos delegados eram a favor de eleger anualmente os membros da Câmara Baixa, chegou-se a um meio-termo entre isso e o prazo de três anos previamente estabelecido, e a votação final para dois anos foi unânime. Embora a mesma unanimidade não tenha sido obtida, outras modificações foram feitas que tornaram o plano menos sujeito a objeções: o mandato dos membros da Câmara Alta foi fixado em "seis anos, um terço a ser renovado a cada dois anos"; não se insistiu no pagamento dos membros do Legislativo "pelo tesouro dos Estados Unidos"; e os membros de ambas as Casas tornaram-se elegíveis para cargos estaduais, embora ainda fossem declarados inelegíveis para cargos nos Estados Unidos.

Todas essas questões, porém, eram de menor importância, e nas mais essenciais a maioria era inflexível. Por outro lado, os representantes dos Estados pequenos desenvolveram uma oposição mais unida e mais determinada. Este fato se manifestou inequivocamente. Na Comissão plenária, o voto a favor de duas Casas para o Legislativo havia sido unânime, agora a questão encontrava três Estados em oposição com um quarto dividido. Anteriormente, Charles Pinckney havia conseguido apenas três Estados para apoiar sua moção para a eleição dos membros da Câmara Baixa pelos Legislativos estaduais, agora havia quatro Estados a favor com o voto de um quinto dividido. Ainda assim, as discussões foram conduzidas com razoável equanimidade, embora todos sentissem que a hora da verdade ainda estava por vir. Quando a questão da representação proporcional foi considerada na Comissão plenária, Franklin observou que "até este ponto... vir perante nós, nossos debates foram conduzidos com grande frieza e temperamento". E assim o foi. Por alguns dias, tudo foi relativamente tranquilo. Mas era apenas a calmaria antes da tempestade, que todos podiam ver se aproximando, e o suspense era difícil de suportar. Se a tempestade não podia ser evitada, era melhor que o fim chegasse rapidamente. Assim, em 27 de junho, quando Rutledge apresentou a moção, a Convenção votou por unanimidade para proceder imediatamente às resoluções envolvendo "os pontos mais fundamentais, as regras de sufrágio nos dois Poderes".

Com a Convenção impaciente para resolver o problema, Luther Martin escolheu o momento mais inoportuno, e também um período de grande calor, para fazer uma longa arenga. Por mais de três horas ele falou e, tendo esgotado suas próprias forças, para não falar da paciência de sua audiência, anunciou, para o desespero de todos, que retomaria sua fala no dia seguinte. Alguns meses depois, quando se envolveram em uma controvérsia em um jornal sobre a adoção da Constituição, Ellsworth escreveu mordazmente a Martin:

> você disparou contra eles em um discurso que durou dois dias, e que poderia ter continuado por dois meses, mas as marcas de fadiga e de desgosto você viu fortemente expressadas em quaisquer dos lados da Casa em que você virasse seus olhos mortificados.

Tanto Madison quanto Yates reclamaram da dificuldade de entender o que Martin disse, pois ele falou "com muita difusão e com uma veemência considerável". Sua principal alegação parece ter sido que o governo geral deveria ser formado para os Estados e não para os indivíduos, mas seus argumentos teriam sido mais eficazes se tivessem sido apresentados de forma mais concisa e mais oportuna.

Hamilton estava muito desapontado com a pobre participação que estava tendo na Convenção. Suas ideias eram radicais demais para serem aprovadas, e seu voto não contava para nada porque sempre era superado por seus dois colegas. Com todo o seu grande interesse no resultado da Convenção, ele sentiu que estava perdendo tempo. Esse sentimento pode ter sido fortalecido pela arenga de Martin, pois Hamilton deixou a Convenção para New York no dia seguinte. Ele escreveu a Washington, no entanto, que retornaria a qualquer momento se pudesse ser útil, e apareceu na Philadelphia duas ou três vezes depois em intervalos irregulares.

Quando a Convenção finalmente abordou a questão da representação proporcional, quase três semanas foram gastas para se chegar a uma conclusão. Mais de uma vez, qualquer solução satisfatória da questão parecia impossível, e a Convenção estava a ponto de se desfazer. Gouverneur Morris disse depois que "o destino da América estava suspenso por um fio de cabelo". Os sentimentos aumentaram logo no início e Franklin propôs uma moção para que "orações implorando a ajuda do Céu... sejam realizadas nesta Assembleia todas as manhãs". Pode parecer surpreendente que uma proposta tão louvável, especialmente considerando a fonte de onde veio, tenha encontrado alguma oposição, mas houve apreensão de que tal passo naquele estágio pudesse levar o público a suspeitar que havia dissensões na Convenção. Há também uma história de que Hamilton teria se oposto à moção alegando que a Convenção não precisava de "ajuda externa". A verdadeira causa de qualquer dificuldade no assunto foi sem dúvida dada por Williamson que "a Convenção não tinha fundos". O incidente ameaçou se tornar embaraçoso quando a questão foi evitada pelo adiamento.

Em 29 de junho, com a oposição Connecticut, New York, New Jersey e Delaware, e com Maryland dividida, a Convenção decidiu "que a regra do sufrágio na Câmara Baixa não deveria estar de acordo com o estabelecido pelos Artigos da Confederação". Então veio a questão em relação à Câmara Alta e tomou a forma de uma moção para dar a cada Estado um voto igual naquela Casa legislativa. Os delegados de Connecticut foram responsáveis por apresentar a questão dessa forma, mas é duvidoso se muito crédito ou originalidade deva ser atribuído a eles, já que a ideia foi frequentemente expressa nas discussões anteriores. O debate que se seguiu foi ávido e eloquente. Os homens de Connecticut apoiaram a proposta com moderação, mas com grande autoridade. Outros do lado deles, como Bedford e Dayton, não eram tão moderados. Wilson, Madison e King falaram fortemente, e às vezes acidamente, em oposição. Franklin, como sempre, sugeriu um acordo. Em um estágio inicial do debate, os delegados de New Jersey propuseram que o Presidente escrevesse a New Hampshire "que os negócios perante a Convenção são de tal natureza que exigem a presença imediata dos cavalheiros nomeados por esse Estado". Supunha-se que New Hampshire ficaria ao lado dos pequenos Estados, de modo que o propósito da moção era perfeitamente evidente. Mas isso foi aparentemente considerado um estratagema, e ela prontamente rejeitada.

Veio o domingo e o primeiro assunto na manhã de segunda-feira, 2 de julho, foi a questão de dar a cada Estado um voto igual na Câmara Alta. A votação foi empatada, sendo cinco Estados favoráveis, cinco contrários e um dividido. Esse resultado inesperado foi alcançado por uma combinação de duas circunstâncias: Jenifer, de Maryland, estava ausente, permitindo assim que Luther Martin votasse favoravelmente naquele Estado, e Abraham Baldwin, ao mudar seu voto para favorável, dividiu o voto da Georgia. Luther Martin declarou sua crença de que Baldwin não alterou seu voto por causa de alguma mudança de opinião, mas porque estava convencido de que os pequenos Estados se retirariam da Convenção antes de cederem neste ponto. Não há outra evidência em contrário e todas as circunstâncias confirmam Martin. Embora um Estado pequeno no que diz respeito ao número de população, a Georgia possuía uma grande extensão do território ocidental e, tendo sido encorajada a se tornar um dos grandes Estados, seus delegados na Convenção geralmente votavam desse lado. Nesse contexto, foi importante que Baldwin era um ex-morador de Connecticut e, portanto, estivesse, sem dúvida, em entendimento amigável com a atitude dos delegados daquele Estado. Além disso, um sacrifício temporário de opinião em prol da harmonia estava bastante de acordo com seu caráter. Se sua ação forçou um acordo, como parece provável, elogios ou críticas devem ser concedidos a ele conforme o ponto de vista de cada um.

A Convenção estava agora em um impasse. Depois que uma ou duas sugestões foram feitas e não pareciam ter nenhuma aprovação específica, o general Pinckney propôs uma Comissão formada por um membro de cada Estado para tentar chegar a um acordo. Wilson e Madison se opuseram vigorosamente a ela e, embora houvesse vários outros que não achavam que algo resultaria disso, a Convenção aprovou e votou a proposta por grande maioria. Os membros foram eleitos por cédulas, e se foi porque os homens dos pequenos Estados trabalharam juntos ou se o espírito conciliatório foi tão forte na Convenção que encontrou expressão na escolha da Comissão é impossível dizer, mas basta ler os nomes dos componentes para ver que os representantes dos pequenos Estados venceram sua luta. A Comissão consistia em Gerry, Ellsworth, Yates, Paterson, Franklin, Bedford, Martin, Mason, Davie, Rutledge e Baldwin. “Que o tempo seja dado à Comissão, e para aqueles que escolherem assistir à celebração do Dia da Independência, suspende-se a Convenção até quinta-feira”.

Pouco se sabe do que aconteceu na Comissão. Yates registrou que a discussão foi em grande parte uma recapitulação dos argumentos apresentados na Convenção e que, como ele mesmo não havia explicado anteriormente sua posição, aproveitou a ocasião para fazê-lo. Ele acrescentou que "essas observações deram origem a uma moção do Dr. Franklin, que após algumas modificações, foi aceita e serviu de base para o relatório da Comissão". Madison também observou que o relatório foi baseado em uma moção de Franklin, e afirmou ainda que Sherman fez uma proposta que não foi aprovada no sentido de

> que cada Estado deveria ter um voto igual no Senado; sendo que nenhuma decisão deveria prevalecer a menos que a maioria dos Estados favoráveis à medida também abrangesse a maioria dos habitantes dos Estados Unidos.

Em 5 de julho, a Comissão apresentou seu relatório recomendando duas proposições "sob a condição de que ambas sejam adotadas integralmente". A essência dessas propostas era: 1. Que na primeira Casa cada Estado tivesse um Representante para cada 40.000 habitantes, contando três quintos dos escravos, e que os projetos de leis que criassem despesas fossem originados na primeira Casa e não pudessem ser alterados pela segunda. 2. Que na segunda Casa cada Estado tivesse voto igual.

O debate recomeçou imediatamente e recriminações se fizeram presentes. Madison, por exemplo, disse que só foi impedido de expressar sua opinião sobre o relatório pelo respeito que tinha pelos membros da Comissão e insinuou que estava disposto a aceitar quaisquer consequências que pudessem seguir de sua rejeição. Gouverneur Morris foi enfático em sua desaprovação, e se entende que teria dito que o país deveria se unir em uma base razoável e justa, e que "se a persuasão não os unir, a espada o fará". Bedford desculpou-se pelo calor de suas expressões anteriores de que, se os pequenos Estados fossem levados ao extremo, poderiam encontrar alguma potência estrangeira para tomá-los pela mão, mas encontrou alguma escusa em declarações como a de Morris ou a de Gorham, que disse que Delaware deveria ser anexada à Pennsylvania e New Jersey dividida entre Pennsylvania e New York. Williamson estava pronto para ouvir a discussão do relatório, mas achou as proposições contidas nele as mais censuráveis que já ouvira.

Os representantes dos pequenos Estados geralmente eram favoráveis ao plano, embora alguns deles, como Paterson, se opusessem alegando que ele trazia muitas concessões. De qualquer forma, era perceptível que o espírito conciliatório estava ficando mais forte. Como não parecia possível, ou talvez aconselhável, votar todo o relatório de uma só vez, as diferentes partes foram abordadas separadamente. A primeira parte, determinando a proporção de representação, foi encaminhada a uma Comissão especial de cinco membros com o objetivo de fixar um número absoluto de Representantes de cada Estado em um primeiro momento e de prever mudanças para o futuro. Os outros pontos, com surpreendentemente pouca discussão sobre a questão da igualdade de votos na segunda Casa, foram ordenados a permanecer como parte do relatório, e a votação em geral foi adiada até que a Comissão especial fizesse seu relatório.

Em 9 de julho, a Comissão especial recomendou: que a primeira Câmara de Representantes fosse composta por cinquenta e seis membros, dos quais New Hampshire teria dois, Massachusetts, sete etc.; e que o Legislativo fosse autorizado a regular a representação futura com base nos princípios de riqueza e número de habitantes. A última parte deste relatório foi prontamente aprovada sem debate e por ampla maioria, mas a primeira parte, especificando o número de membros dos vários Estados, foi insatisfatória, de modo que após uma breve discussão foi encaminhada a uma Comissão formada por um membro de cada Estado. Então a sessão foi suspensa.

Na manhã seguinte, essa Comissão composta por onze membros prontamente apresentou seu relatório, aumentando o número de Representantes na primeira legislatura para sessenta e cinco. É bem possível haver alguma verdade na acusação de que os números foram "artificialmente diminuídos para os grandes Estados... a fim de evitar que a influência indevida que os grandes Estados terão no governo seja muito aparente", mas os números atribuídos aos diferentes Estados foram, sem dúvida, uma questão ligada ao acordo entre os membros da Comissão, e várias propostas na Convenção para alterá-los foram derrotadas por ampla maioria.

A previsão para mudanças futuras havia sido vagamente expressa e Randolph agora propunha que, a fim de verificar as alterações na população e na riqueza dos vários Estados, um censo deveria ser feito em intervalos regulares e a representação reorganizada de acordo. Williamson sugeriu, e Randolph prontamente aceitou a modificação, que o censo deveria ser feito contando habitantes brancos livres e três quintos "dos de outras descrições". Seguiu-se um debate muito breve sobre a demanda dos delegados de South Carolina e da Georgia de que os negros deveriam ser contados igualmente aos brancos, mas uma moção nesse sentido foi rejeitada por sete Estados contra três, sendo que apenas Delaware veio em apoio aos dois Estados do sul. Foi então formulada uma objeção de que a proposta não estava de acordo com a resolução previamente acordada. Essa resolução previa a representação futura de acordo com riqueza e população, e a presente proposta deixava a riqueza fora da conta, exceto na medida em que os escravos eram propriedade. Vários expressaram a opinião de que o número de pessoas era a melhor maneira de medir a riqueza e que, de qualquer forma, era a única regra praticável de distribuição de representação. A Convenção decidiu prosseguir com o substitutivo de Randolph e Williamson, mas dividiu a questão. Foi unanimemente acordado que a representação deveria ser regulada de acordo com o censo. Foi acordado por uma votação de seis Estados a quatro que um censo dos "habitantes livres" deveria ser feito, mas incluir "três quintos dos habitantes de outra descrição" foi rejeitado por uma maioria semelhante. Não havia aqui uma divisão nítida entre os

Estados escravistas e os livres. Na primeira votação, Delaware e Maryland juntaram-se a South Carolina e Georgia na negativa. Na segunda votação, para incluir três quintos dos escravos, os Estados a favor foram Connecticut, Virginia, North Carolina e Georgia. Evidentemente, havia motivos em ação que não são plenamente visíveis, pois a última votação aparentemente não foi do agrado da Convenção. Quase imediatamente depois, toda a resolução, na forma em que se encontrava, foi rejeitada por unanimidade, e a Convenção se viu sem avançar um único passo.

A discussão deste ponto havia ocupado as sessões do dia 11 de julho. Na primeira hora da manhã de 12 de julho, Gouverneur Morris propôs acrescentar à cláusula, habilitando o Legislativo a variar a representação de acordo com os princípios de riqueza e número de habitantes, a proposição de que a representação fosse proporcional à tributação. Houve uma breve discussão, a redação foi modificada para limitá-la à tributação direta, e foi então adotada pela Convenção à unanimidade. A principal dificuldade foi assim resolvida e mais detalhes foram facilmente acordados. É digno de nota que Gouverneur Morris mais tarde desejou que essa disposição fosse eliminada, embora ele mesmo a tivesse proposto, uma vez que esta não estava de acordo com suas próprias opiniões e "ele só procurou servir de uma ponte para nos ajudar a atravessar o rio". Antes que o dia terminasse, havia sido decidido que

> a representação deveria ser proporcional à tributação direta, e para verificar a alteração... que poderia ser exigida de tempos em tempos... que um censo seria feito dentro de seis anos... e após, a cada dez anos, todos os habitantes dos Estados Unidos seriam contabilizados da maneira e de acordo com a proporção recomendada pelo Congresso na resolução de 18 de abril de 1783.[31]

---

31 N.T. A Resolução do Congresso da Confederação de 18 de abril de 1783 era, em verdade, uma proposta de emenda aos Artigos da Confederação então em vigor. O objetivo da emenda era alterar a base para determinação da riqueza

A proporção recomendada em 1783 era, naturalmente, a proporção de três quintos. Uma emenda para que os negros fossem classificados igualmente como brancos foi rejeitada por oito Estados a dois.

A Convenção pareceu então apresentar um estado de espírito melhor. Talvez não tenha relação com os resultados, mas por mais de uma semana, isto é, desde a nomeação da Comissão especial, o tempo havia estado quente e na noite do dia 12 esfriou. De qualquer forma, os próximos dois dias foram gastos discutindo e modificando detalhes deste e de outros aspectos dos relatórios alterados, e prontamente na manhã de segunda-feira, 16 de julho, todo o acordo foi adotado com Connecticut, New Jersey, Delaware, Maryland e North Carolina votando a favor, com Pennsylvania, Virginia, South Carolina e Georgia contra, e Massachusetts dividido. O voto de New York não foi incluído, pois Yates e Lansing haviam deixado a Convenção alguns dias antes por causa de sua insatisfação com a maneira como as coisas estavam indo e por acreditarem que excederia seus poderes apoiar ações tomadas que iam além daquilo para o que foram autorizados.

---

dos Estados e, assim, redimensionar as obrigações tributárias de cada um deles no financiamento da Confederação. O que se pretendia, na prática, era a utilização não mais dos caracteres de propriedade imobiliária como medida de riqueza, com a sua substituição pela população de cada Estado. A proposta inicial indicava que os encargos tributários seriam distribuídos aos Estados na proporção do número de habitantes de todas as idades, sexo e qualidade, com a exceção dos indígenas. Na medida em que tal fórmula incluiria os escravos, os sulistas reclamavam, já que os escravos eram considerados como propriedade e não como pessoas. A famosa proporção de três quintos (ou o "Compromisso dos Três Quintos") e a contagem dos escravos enquanto tal foi uma saída acordada naquele momento no âmbito da Confederação, mas a emenda não obteve o consentimento unânime dos Estados (quórum então necessário para emendar os Artigos da Confederação). Mais tarde – e já nos debates da Convenção Federal em 1787 –, a questão da proporção dos três quintos veio novamente à tona, como ora se vê.

Este é o Grande Acordo da Convenção e da Constituição. Nada se compara a ele. Muitos mal-entendidos têm ocorrido e muitas interpretações errôneas sobre o tema, mas com a sequência detalhada de eventos que acaba de ser dada parece que os pontos principais deveriam estar claros. A característica importante do acordo era que na Câmara Alta do Legislativo cada Estado teria o mesmo número de votos. O princípio da representação proporcional na Câmara Baixa não fazia parte do acordo, embora os detalhes para a execução desse princípio estivessem envolvidos. Um número absoluto de Representantes dos vários Estados foi definido na formação da primeira legislatura, e a futura repartição seria feita pelo próprio Legislativo com base em números de população, contando três quintos dos escravos, sendo que a tributação direta deveria ser proporcional a essa representação. A ressalva de que os projetos de lei geradores de despesas deveriam se originar na primeira Casa legislativa e não ser alterados na segunda foi considerada por alguns delegados como de grande importância, mas havia outros que consideravam o assunto sem importância alguma.

O crédito pelo Grande Acordo foi reivindicado por diferentes homens e atribuído a outros. Nos anos mais recentes, devido ao peso da influência de Bancroft,[32] o crédito tem sido geralmente atribuído à delegação de Connecticut, e o acordo tem sido comumente conhecido como o "Acordo de Connecticut". É verdade que os delegados de Connecticut foram responsáveis por apresentar a questão formalmente. Apresentada pelo Dr. Johnson, que falava raramente, mas muito ao ponto e, portanto, recebeu uma audiência respeitosa, a moção foi feita por Ellsworth "que na segunda Casa... cada Estado teria voto igual". No debate do dia seguinte, isso foi referido pelo menos uma vez como a "proposta de Connecticut" e uma vez como a "moção de Connecticut". É indubitavelmente verdade que os delegados de Connecticut tiveram um papel importante na adoção do Acordo. Mas o crédito não pode ser dado,

---

32 *History of the Formation of the Constitution* (1881), vol. I, chap. 9.

especificamente, a nenhum indivíduo, nem a nenhuma delegação, nem a nenhum grupo de homens, senão aos representantes dos pequenos Estados em geral. A combinação de dois métodos de representação em uma legislatura foi sugerida em 30 de maio, o primeiro dia em que o Plano da Virginia estava em discussão. No dia seguinte, foi definitiva e especificamente sugerido, e a partir de então foi frequentemente referido até sua concretização final no Grande Acordo. Com a representação popular proporcional estabelecida para uma Casa, a representação estatal igualitária para a outra era inevitável, tanto pelas ideias de representação vigentes na época quanto pela divisão de opiniões na Convenção.

A contagem de três quintos dos escravos, a chamada "cláusula dos três quintos", tem sido geralmente referida como um acordo dos mais importantes da Convenção. Este não foi certamente o caso. Já se chamou a atenção para o fato de que essa proporção foi incorporada pelo Congresso da Confederação na emenda sobre receitas de 1783, que a Comissão plenária, pelo voto de nove Estados contra dois, havia acrescentado como uma emenda ao Plano da Virginia, que foi incorporada no Plano de New Jersey, e que, quando foi incorporada no Grande Acordo, foi descrita como "a proporção recomendada pelo Congresso em sua resolução de 18 de abril de 1783".[33] Com efeito, encontram-se referências em escritos contemporâneos à chamada "proporção federal", como se fosse bem entendido o que se queria dizer com esse termo. Alguns meses depois, na Convenção do Estado de Massachusetts, Rufus King disse muito apropriadamente que "essa regra... foi adotada porque era a língua de toda a América". Na realidade, a regra dos três quintos foi um mero incidente naquela parte do Grande Acordo que declarava que "a representação deve ser proporcional à tributação direta".

Em vista dos desenvolvimentos subsequentes neste país, não é de surpreender que os historiadores tenham enfatizado demais os

---

33 N.T. Ver nota nº 31.

diferentes interesses do Norte e do Sul na Convenção. Uma correta compreensão da situação, no entanto, só pode ser obtida se se perceber que nas primeiras etapas da discussão da representação proporcional os interesses conflitantes dos Estados do Leste e Oeste eram mais importantes do que os dos Estados escravocratas e livres. Nos tempos coloniais, à medida que a população aumentava e a colonização se estendia para o interior, os interesses conservadores abastados do litoral insistiam em manter o controle do governo em suas próprias mãos e se recusavam a conceder aos condados do interior a participação no governo a que o quantitativo de população os intitulava. Isso foi visto em sua forma mais óbvia na desigualdade de representação no Legislativo. Notavelmente, este foi o caso na Pennsylvania, Virginia e Carolinas. E essa desigualdade se manteve nos governos estaduais que se formaram após a eclosão da Revolução. Na Convenção Federal, os mesmos interesses exigiam restrições semelhantes. O método da Pennsylvania de lidar com os condados fronteiriços foi citado com aprovação. Como havia funcionado bem para que as partes mais antigas do Estado mantivessem o poder em suas próprias mãos, agora nos Estados Unidos – insistiu-se – novos Estados não deveriam ser admitidos em pé de igualdade com os antigos. Gouverneur Morris era o defensor dos interesses comerciais e de propriedade e, quando o Grande Acordo estava em discussão, declarou-se a favor de considerar a propriedade, bem como o número de habitantes, na distribuição de Representantes. Em explicação de sua posição, afirmou que tinha em mente o "conjunto de novos Estados que em breve se formariam no Oeste" e "achava que a regra de representação deveria ser fixada de modo a garantir aos Estados do Atlântico uma prevalência nos Conselhos Nacionais". Morris também foi Presidente da primeira Comissão de cinco membros nomeados para determinar o número de representantes dos Estados existentes num primeiro momento e para prever a distribuição futura. Como membro da Comissão, Gorham explicou francamente que um dos objetivos em seu relatório que a Comissão tinha em vista era dar aos Estados do Atlântico o poder de "lidar com a representação em proporções seguras aos Estados do Oeste". Esta parte do relatório foi inicialmente adotada, mas depois foi desconsiderada no reajuste pelo qual tanto a representação quanto a tributação direta deveriam ser rateadas de acordo com a população.

Em 1787, a escravidão não era a questão importante e pode-se dizer que não era a questão moral que mais tarde se tornou. Os procedimentos da Convenção Federal não se tornaram conhecidos até que a questão da escravidão se tornasse o assunto primordial da época. As pessoas naturalmente estavam ansiosas para saber o que os formuladores da Constituição haviam dito e feito sobre esse tema tão arrebatador. Isso levou a uma ênfase exagerada da questão da escravidão na Convenção que persistiu até os dias atuais. De fato, pouco foi dito comparativamente sobre o assunto na Convenção. Madison era um dos poucos homens que pareciam identificar a real divisão de interesses neste país. É significativo que, no debate sobre a representação proporcional, ele tenha sentido a necessidade de alertar a Convenção que não era o tamanho dos Estados, mas que "o grande perigo para o nosso governo geral são os grandes interesses do Sul e do Norte do continente, sendo opostos um ao outro".

Mais de uma vez, o interesse sempre recorrente na questão da eleição popular de Senadores levou à má interpretação das coisas que foram ditas e feitas na Convenção.[34] Nos procedimentos da Comissão plenária, um interesse momentâneo foi despertado pela eleição dos membros da Câmara Alta pelos Legislativos estaduais. Muitos anos depois, Madison revisou suas notas com muito cuidado com a ideia de sua publicação póstuma e, nesse ponto, em vista dos desenvolvimentos subsequentes, tentou certificar-se de que não haveria um mal-entendido inserindo a seguinte explicação:

---

34 N.T. Na redação original da Constituição dos Estados Unidos (Artigo 1, Seção 2, Cláusulas 1 e 2), os Senadores de cada Estado eram escolhidos pelos Legislativos locais (*State Houses*). No entanto, em 1913, foi ratificada a 17ª Emenda, a qual estabeleceu a eleição direta dos membros da Casa Alta.

> lançará luz sobre essa discussão a observação de que uma eleição pelos Legislativos estaduais envolveu a renúncia ao princípio defendido pelos grandes Estados e temido pelos pequenos, qual seja, o da representação proporcional no Senado.

Para garantir dupla certeza, quando o assunto voltou à tona no debate que levou ao Grande Acordo, Madison inseriu outra nota:

> Deve-se ter em vista que os maiores Estados, particularmente Pennsylvania e Virginia, sempre consideraram a escolha dos membros da segunda Casa pelos Legislativos estaduais em oposição a uma representação proporcional à qual estavam vinculados como um princípio fundamental do governo justo.

Não se pode insistir com muita força que quaisquer opiniões expressas em debate, e quaisquer argumentos apresentados a favor ou contra a eleição dos membros da Câmara Alta pelos Legislativos estaduais – e todos os tipos de propostas de outros métodos foram feitos e todos os tipos de opiniões foram expressas – devem ser interpretadas com referência a uma única questão, a da representação proporcional. Também deve ser notado que, desde o momento da adoção do Grande Acordo, o método de eleição dos membros da Câmara Alta nunca foi questionado na Convenção.

CAPÍTULO VIII

DEPOIS DO ACORDO

Quando o Plano de New Jersey foi apresentado à Convenção e Paterson argumentou contra o poder da Convenção de considerar um plano como o da Virginia, Pinckney observou incisivamente: "dê a New Jersey um voto igual e eles abandonarão seus escrúpulos e concordarão com o sistema nacional". Isso provou ser verdade agora. O Grande Acordo deu aos pequenos Estados um voto igual em apenas um ramo do Legislativo, mas foi o suficiente para reconciliá-los com o novo plano e eles se tornaram defensores cada vez mais calorosos de um governo nacional forte. Não foi assim com os grandes Estados, eis que seus planos foram tão contrariados pela perda da representação proporcional na Câmara Alta que assim que o Acordo foi aprovado, em 16 de julho, eles pediram um adiamento até o dia seguinte para que tivessem a oportunidade de considerar o que era melhor a ser feito. Após uma pequena comoção e algumas sugestões de que seria melhor adiar *sine die*, o pedido foi aceito.

Na manhã seguinte, de acordo com Madison, antes do horário normal da Convenção, vários membros dos grandes Estados se reuniram para consultas, e alguns membros dos pequenos Estados também estiveram presentes. Ficou imediatamente evidente que as opiniões divergiam quanto às consequências envolvidas na adoção do Acordo. Alguns o consideravam fatal para o estabelecimento de um governo forte e defendiam medidas extremas, chegando até a recomendar um plano separado. Outros pareciam inclinados a ceder e a concordar com qualquer ato que pudesse ser acordado pela Convenção como um todo. Aparentemente, a última visão prevaleceu, e Madison acrescenta que os Estados menores estavam provavelmente satisfeitos "por não terem nada a recear de eventual união entre os maiores em algum outro plano contra a igualdade de votos na segunda Casa". Então, o trabalho foi autorizado a prosseguir.

Muitos rumores corriam sobre o que estava sendo feito na Convenção, e é bem provável que algo tenha vazado sobre as sérias diferenças de opinião que ameaçavam perturbar a assembleia. Nesse caso, era importante dissipar todos os medos. Assim, um ou dois dias após a adoção do Acordo, um item apareceu em um dos jornais locais. E provavelmente serviu de inspiração e foi copiado por vários outros periódicos: "tão grande é a unanimidade, ouvimos, que prevalece na Convenção, sobre todos os grandes assuntos federais, que foi proposto chamar o salão em que ocorre a assembleia de Salão da Unanimidade".

Os dez dias seguintes foram dedicados à consideração das resoluções restantes do Plano da Virginia. O assunto mais importante da discussão foi o do Executivo, especialmente no que diz respeito ao método de eleição e ao tempo do mandato. Sobre essas questões, a Convenção se viu nas mesmas dificuldades que perturbaram a Comissão plenária. Se o Executivo fosse escolhido pelo Legislativo, ele não deveria ser passível de reeleição, e seu único mandato deveria, portanto, ser por um tempo relativamente longo. Mas a possibilidade de reeleição era um grande incentivo e, caso fosse reelegível, o mandato do Executivo deveria ser curto, e a escolha não deveria caber ao Legislativo. Nessa celeuma, os delegados se envolveram irremediavelmente e, na tentativa de a resolverem, foram feitas todas as sugestões concebíveis. Nomeação pelos Executivos estaduais, eleição popular direta e um sistema de eleitores que poderiam ser escolhidos pelo povo, pelos Legislativos estaduais, ou mesmo pelo Legislativo nacional por sorteio estavam entre os métodos propostos.

Wilson observou com considerável satisfação "que estava ganhando terreno a ideia de uma eleição direta ou indireta pelo povo". Entre aqueles que apoiavam uma eleição popular, direta ou indireta, estavam Madison, Gouverneur Morris, King, Paterson e Dickinson. Contra eles estavam Randolph, Charles Pinckney, Sherman, Rutledge, Mason, Gerry e Williamson. Na questão para eleição popular direta, levantada no início da discussão, apenas a Pennsylvania votou "sim". A opinião da Convenção sobre este assunto parece ter sido expressa por Mason quando ele disse que

> seria tão antinatural conceder a escolha de um personagem adequado para a chefia do Executivo ao povo como remeter um julgamento de cores a um cego. A extensão do país impossibilita que o povo tenha a capacidade necessária para julgar as respectivas pretensões dos candidatos.

Outra objeção importante era que o povo sempre votaria em um homem de seu próprio Estado, o que daria aos Estados maiores uma vantagem sobre os menores e o que provavelmente seria decisivo na eleição. Para evitar a última objeção, foi sugerido que cada homem votasse em dois ou três candidatos, dos quais apenas um deveria ser de seu próprio Estado. Outra proposta era que o povo de cada Estado nomeasse um homem e, dos treze nomes assim selecionados, o Legislativo nacional escolhesse o Executivo. Ambas as sugestões receberam mais ou menos apoio, mas, até aquele momento, não deram em nada.

Em uma ocasião, a Convenção votou contra uma proposta de um sistema de eleitores a serem escolhidos pelos Legislativos estaduais, mas, dois dias depois, com a sugestão de que o número de eleitores em cada Estado seria proporcional, ela foi aceita. Foi acordado que New Hampshire, Rhode Island, Delaware e Georgia deveriam ter um eleitor, Massachusetts, Pennsylvania e Virginia, três cada, e os Estados restantes deveriam ter dois cada. Depois de pensarem por alguns dias, esse plano foi abandonado com o argumento de que uma reunião com o único propósito de eleger o chefe do Executivo seria dispendioso e os melhores homens dos Estados distantes não achariam que valeria a pena comparecer.

De maneira semelhante, todos os tempos possíveis de duração do mandato foram sugeridos. Quatro, seis, sete, oito, onze e quinze anos eram as propostas mais sérias. Na discussão desta última proposta, no entanto, levantou-se a sugestão de vinte anos como sendo a medida da "vida média dos príncipes". Além disso, a ideia de "durante o bom comportamento" encontrou seus defensores, e quatro Estados votaram a favor de uma moção nesse sentido, mais com a ideia de assustar "aqueles ligados à dependência do Executivo em relação ao Legislativo" do que por qualquer preferência por esta proposição.

Não é de se admirar que Gerry tenha dito que "parece que estamos completamente perdidos", nem que Madison tenha acrescentado que "há objeções contra todos os modos que foram ou talvez sejam propostos". E não é tão surpreendente que, depois de reconsiderar duas vezes toda a questão, a Convenção tenha finalmente voltado ao método do relatório da Comissão plenária: uma eleição pelo Legislativo nacional, para um mandato de sete anos, sem possibilidade de reeleição.

Os demais pontos relativos ao Executivo foram aprovados sem debate, exceto na questão do *impeachment*. King, Gouverneur Morris e Charles Pinckney argumentaram contra, a menos que o Executivo fosse nomeado em caráter vitalício ou recebesse poderes muito amplos. Do outro lado estavam Wilson, Madison, Mason, Gerry, Randolph e Franklin. Os argumentos destes últimos foram tão fortes que Gouverneur Morris se declarou convencido e, então, fez um forte apelo pela necessidade da existência do *impeachment*. Quando a votação foi realizada, apenas Massachusetts e South Carolina foram contrárias.

Em todos esses debates sobre o Executivo, embora tenha havido grande diversidade de opiniões, as linhas de divisão não parecem ter sido claramente traçadas. Os membros expressaram simplesmente seus pontos de vista individuais e pessoais. Gouverneur Morris, por exemplo, como vimos, na verdade, argumentou em ambos os lados da questão. Ao mesmo tempo, é perceptível que os representantes dos grandes Estados, em geral, favoreciam, naturalmente, um sistema que assegurava a estes uma maior influência ou uma maior participação nas eleições. Isso tendia a levá-los ao apoio de uma eleição popular e a se opor a uma eleição pelo Legislativo.

Depois do Executivo, o próximo assunto mais difícil era o do Judiciário, e aqui também o método de seleção era agora o ponto principal em disputa. Madison, Wilson e Gorham se opuseram vigorosamente ao método previamente acordado, ou seja, de uma escolha pelo Senado. Eles propuseram uma nomeação pelo Executivo e, quando isso foi derrotado, eles alteraram a proposta para uma nomeação pelo Executivo com o "aconselhamento e consentimento do Legislativo". Isso foi perdido em uma votação de empate. Desde que obtiveram representação igual na Câmara Alta, os pequenos Estados foram mais do que nunca a favor de manter a nomeação por esse órgão, e finalmente conseguiram fazê-lo, mas apenas pela estreita margem desse empate. Não houve diferença de opinião quanto à jurisdição dos tribunais nacionais, e a Convenção se contentou em declarar em termos gerais que deveria se estender "a todos os casos decorrentes das leis nacionais e a outras questões que possam envolver a paz e harmonia nacionais".

Uma proposta de unir o Judiciário com o Executivo no exercício do poder de veto foi novamente rejeitada e, como antes, um dos principais argumentos contra era que isso daria ao Judiciário duas oportunidades para aferir a constitucionalidade de uma lei. Intimamente ligada a esse assunto estava a questão da negativa das leis estaduais conferidas ao Legislador nacional. Houve séria objeção a tal poder, especialmente porque foi considerado desnecessário, já que o Judiciário nacional teria a prerrogativa de declarar inválidas as leis estaduais que ultrapassassem os domínios da legislação federal. A negativa sobre as leis estaduais foi, portanto, retirada por uma votação em que Massachusetts, Virginia e North Carolina eram os únicos Estados a seu favor. Foi Luther Martin quem então propôs uma forma modificada de uma das resoluções do Plano de New Jersey que foi aceita à unanimidade. A resolução proposta por Martin e adotada inicialmente era

> que os atos legislativos dos Estados Unidos... serão a lei suprema dos respectivos Estados... e que os judiciários dos vários Estados estarão vinculados a eles em suas decisões, não obstante qualquer disposição em contrário nas respectivas leis dos Estados.

Contrariamente às intenções de Martin, essa resolução, com uma única mudança significativa, transformou-se em um dos artigos mais importantes da Constituição no sentido de fortalecer o governo nacional.

Sobre a questão de submeter a nova Constituição às Convenções eleitas pelo povo em cada Estado, o sentimento a favor era muito mais forte do que antes. Randolph, Gorham, King e Williamson defenderam-na mais com base na conveniência, enquanto Madison, Gouverneur Morris e Mason a apoiaram como fundamental no estabelecimento de um novo governo. Madison "considerava a diferença entre um sistema fundado apenas nas legislaturas e outro fundado no povo como a verdadeira diferença entre uma liga ou tratado e uma Constituição"; Ellsworth, Gerry e Paterson eram a favor da ratificação pelos Legislativos estaduais, mas sua moção nesse sentido obteve apenas três votos favoráveis, e a proposta original foi então reafirmada por uma votação quase unânime. Mais uma vez foi sugerida a ideia de que a Constituição pudesse ser ratificada por menos do que o número total de Estados, e de que ela pudesse entrar em vigor apenas entre os Estados que a ratificassem.

O único outro item de interesse nesses procedimentos foi o relativo aos membros da Câmara Alta. Quando o Grande Acordo foi adotado, muitos dos delegados supunham que a votação naquela Casa seria por Estado, mas, como o ponto principal da igualdade de representação havia sido conquistado, houve pouca objeção em permitir que os membros votassem individualmente. Três membros por cada Estado poderiam tornar o número final de membros no Senado muito grande; depois, foi decidido a favor de dois membros e foi prontamente acordado que eles deveriam votar *per capita*. Somente Maryland foi contrário.

As quinze resoluções originais do Plano da Virginia haviam agora aumentado para vinte e três. Com algumas exceções, principalmente nas disposições do Grande Acordo, tais resoluções eram de caráter geral, e uma Constituição funcional deve ser um instrumento detalhado. Era perfeitamente evidente que a própria Convenção não poderia preparar tal documento sem grande perda de tempo e energia. Pelas referências ocasionais no debate, e pelo fato de que alguns dos delegados deixaram a Philadelphia vários dias antes, parece que o método de procedimento a ser seguido foi de um modo geral aceito. Em todo caso, quando chegou a hora apropriada, sem qualquer hesitação, foi acordado submeter os procedimentos da Convenção a uma Comissão de cinco membros que deveria preparar e relatar uma Constituição detalhada. A Comissão eleita consistia em Rutledge de South Carolina, Randolph da Virginia, Gorham de Massachusetts, Ellsworth de Connecticut e Wilson da Pennsylvania.[35] Em 26 de julho, a Convenção foi suspensa e a Comissão teve até 6 de agosto para preparar seu relatório. Pouco antes da suspensão, a Comissão foi instruída a conceber uma cláusula exigindo qualificações de propriedade e cidadania para os funcionários do Executivo, do Judiciário e do Legislativo. No último momento, no que pareceu ser algo puramente formal, a Comissão plenária foi dispensada de considerar

---

35 N.T. Naquela que veio a ser chamada de “Comissão de Detalhes”.

as propostas apresentadas por Charles Pinckney em 29 de maio, as quais foram encaminhadas à Comissão de Detalhes. Ação semelhante foi tomada em relação às resoluções apresentadas por Paterson em 15 de junho.

Quatro dias antes da suspensão, os delegados de New Hampshire chegaram. Era tarde demais para que eles tomassem qualquer parte importante no processo, mas, a julgar por sua correspondência privada, eles aprovaram o que havia sido feito.

CAPÍTULO IX

A COMISSÃO DE DETALHES

Rutledge, Randolph, Gorham, Ellsworth e Wilson formavam um grupo forte. Era bom que assim fosse, eis que a tarefa diante da Comissão de Detalhes não era fácil e apenas dez dias haviam sido concedidos para completá-la. Na medida em que seu relatório era uma etapa importante na elaboração da Constituição, o significado do trabalho da Comissão de Detalhes é autoevidente. Pouco foi escrito no passado, pois pouco se sabia sobre como a Comissão começou a preparar seu relatório. Há alguns anos, no entanto, certos documentos vieram à luz, revelando algumas das coisas que foram feitas e permitindo-nos um arguto palpite sobre outras.

Por uma questão de conjectura, parece provável que um dos primeiros passos dados tenha sido que algum dos membros preparasse um esboço preliminar de uma Constituição como base de trabalho sobre a qual a Comissão pudesse prosseguir. Sem dúvida, isso foi feito somente após discussão pela totalidade dos membros da Comissão, quando certos princípios e ideias gerais foram determinados. Em vistas do papel que já havia desempenhado – primeiro na apresentação e depois em várias ocasiões na defesa do Plano da Virginia –, Randolph era uma pessoa muito natural a quem esse dever deveria ser atribuído. Assim, temos na caligrafia de Randolph aquilo que é evidentemente o primeiro rascunho de uma Constituição baseada especificamente nas resoluções adotadas pela Convenção. Às vezes, esse rascunho entrava em detalhes consideráveis, mas outras vezes apenas sugeria o que poderia ser feito e continha explicações introdutórias e conclusivas, com comentários ocasionais no texto. O rascunho foi submetido a mudanças extensas e ocasionalmente radicais, algumas das quais foram feitas na escrita de Randolph, mas outras pela mão de Rutledge. A inferência é que a minuta foi submetida à Comissão e, após discussão e críticas, as modificações acordadas foram inseridas pelo Presidente.[36] Como indicação de que o documento compunha uma série, praticamente todos os itens nele contidos foram marcados com caneta.

É bem possível que James Wilson estivesse trabalhando independentemente ao mesmo tempo e de maneira semelhante, mas a próxima etapa da qual temos registros mostra documentos com a caligrafia de Wilson, apresentando partes do rascunho de Randolph posteriormente desenvolvido, juntamente com extratos cuidadosamente retirados do Plano de New Jersey e do Plano de Charles Pinckney. Essas partes desconexas foram então aparentemente trabalhadas por Wilson e encaixadas em um único documento harmonioso. Isso pode ter sido feito sozinho ou com a ajuda do restante da Comissão.

Ao percebermos que cada um dos processos descritos em poucas linhas representou uma grande quantidade de pensamento e de trabalho, e que a habilidade de toda Comissão foi evidentemente aplicada ao menos nos pontos mais difíceis, é possível concluir que a compilação de Wilson representou um estágio bastante avançado do trabalho da Comissão. Certamente o trabalho parece ter sido satisfatório para os outros membros, pois foi examinado por eles com o maior cuidado; não com o propósito

---

36 N.T. O Presidente da Comissão de Detalhes era John Rutledge, de South Carolina.

de fazer mudanças importantes, mas para examinar se a redação das várias cláusulas estava de acordo com o que eles desejavam transmitir. Como no caso do rascunho de Randolph, a maioria das mudanças foram feitas pela mão de Rutledge, o Presidente. Isso representou o último passo na preparação do relatório, sendo que, como o documento estava para ser impresso, uma cópia fiel foi feita antes de ser entregue ao impressor.

O relatório da Comissão de Detalhes, conforme impresso para uso dos membros da Convenção, tinha sete páginas com margens largas para fazer anotações. Ao examiná-lo, verifica-se que consistia em um preâmbulo e vinte e três artigos, contendo divisões em quarenta e três seções e um número ainda maior de parágrafos. Os dois primeiros artigos eram introdutórios, e os sete artigos seguintes – três quintos de todo o documento – eram dedicados ao Congresso, sua composição e seus poderes. Um único artigo, apenas uma pequena fração do espaço dado ao Congresso, cobria o Executivo, e outro de igual extensão era suficiente para o Judiciário. Dois artigos curtos traziam certas proibições aos Estados e três previam privilégios interestaduais. Os sete artigos restantes eram dedicados à admissão de novos Estados, à garantia a cada Estado de um governo republicano, à previsão de futuras emendas, à tomada de juramentos de apoio à Constituição, à ratificação do novo instrumento e à posse do governo sob ele.

Ao traçar o trabalho da Comissão em suas várias etapas, nota-se uma série de fatores interessantes e importantes. O primeiro deles é que o documento que mais se mostrou útil à Comissão foram os "Artigos da Confederação". Já foi apontado que o novo governo em construção era radicalmente diferente da Confederação, mas que surgiu da tentativa de sanar os defeitos do antigo. Isso é significativamente trazido à tona aqui. As provisões para os poderes do Congresso, as proibições impostas à ação estatal e a garantia de privilégios interestaduais foram tiradas diretamente dos Artigos da Confederação, às vezes palavra por palavra. Alguns poderes importantes foram adicionados, mas a mudança mais significativa é a tentativa de infundir no novo sistema uma energia e poder suficientes para desempenhar as funções que haviam sido concedidas ao antigo. Com a qualificação que acabamos de mencionar, não é demais salientar que os Artigos da Confederação estiveram na base da nova Constituição. Em assuntos menos importantes, também, os Artigos da Confederação foram utilizados, como ao elaborar as cláusulas introdutórias e ao fornecer um método de procedimento para resolver disputas entre os Estados.

Em segundo lugar, depois dos Artigos da Confederação, os seguintes documentos mais úteis foram os Planos de New Jersey e de Charles Pinckney. Eles foram usados de forma bastante distinta dos Artigos da Confederação e mais com o propósito de auxiliar na redação de várias seções e cláusulas. E, finalmente, as Constituições Estaduais foram recorrentemente utilizadas. Parte disso era consciente, e parte era empréstimo inconsciente. Assim como na Convenção os delegados eram propensos a propor medidas com as quais estavam familiarizados em seus próprios Estados, a Comissão se baseou em sua própria experiência ou, em alguns casos, copiou cláusulas específicas de uma determinada Constituição Estadual. A fraseologia das várias Constituições Estaduais era tão semelhante que seria uma tarefa cansativa e inútil tentar determinar a utilização pela Comissão de uma específica dentre as diferentes, mas é interessante que a Constituição de New York de 1777 parece ter sido usada mais extensamente do que qualquer outra. Ao preparar seu plano, Charles Pinckney fez uso extensivo dos Artigos da Confederação e das Constituições Estaduais, mas da Constituição de New York em particular. Em parte por meio de seu plano e em parte por meio do próprio documento, a Constituição de New York foi de grande utilidade, especialmente em relação ao Executivo. Embora o Executivo devesse ser chamado de "O Presidente dos Estados Unidos" e receber o título de "Sua Excelência", o cargo foi modelado no dos Governadores estaduais. Na especificação de seus poderes e deveres, e na disposição de que em caso de sua morte ou destituição ele deveria ser sucedido pelo

Presidente do Senado, a Comissão seguiu de perto o procedimento existente em New York.

A importância do Legislativo e de sua reorganização foi indicada pela quantidade relativa de espaço dedicado a ele. No entanto, grande parte disso foi entregue à especificação de detalhes, exigida pelas resoluções gerais da Convenção, e à organização interna das Casas. As disposições para este último ponto foram retiradas do procedimento familiar dos Estados individuais e eram de relativamente pouca importância. Eram disposições para decidir sobre as eleições, para punir os próprios membros e para escolher seus Presidentes e outros oficiais.

Em geral, a Comissão adequou seus trabalhos às resoluções adotadas pela Convenção, mas deixou espaço para o exercício de seu próprio julgamento, como no detalhamento dos poderes do Congresso e na definição da competência da Suprema Corte. Em alguns casos, também, era inevitável que eles fossem além de suas instruções. E foi considerado tão impossível para a Comissão quanto para a Convenção concordar acerca das qualificações para ser membro das duas Casas do Legislativo. Assim, apenas a cidadania e a residência foram inseridas e as qualificações de propriedade foram deixadas para o próprio legislador determinar. Da mesma forma, não podendo adotar uma qualificação uniforme e satisfatória para o sufrágio, deixou-se sabiamente a mesma qualificação que poderia ser prevista em cada Estado para a eleição do ramo mais popular de seu Legislativo. O julgamento dos *impeachments* foi mais uma vez colocado na Suprema Corte, mas foi adotada uma prática já conhecida dos Estados de conceder à Câmara dos Representantes o poder exclusivo de *impeachment* e de limitar o julgamento, em caso de condenação, à destituição do cargo e à futura desqualificação para seu exercício. Ao especificar a jurisdição da Suprema Corte, a Comissão tomou a liberdade de inserir que todos os julgamentos criminais deveriam ser por júri. Em vez de permitir ao Congresso nomear embaixadores, fazer tratados e resolver disputas entre os Estados, como era no caso da Confederação, essas funções passaram a ser transferidas para o Senado, órgão que mais correspondia ao antigo Congresso da Confederação como o representante dos Estados, e as disputas entre os Estados a serem resolvidas dessa forma se limitariam àquelas relativas ao território ou à jurisdição.

Por ora, pouco deve ser expresso além de elogios ao trabalho da Comissão, mas foram tomadas certas liberdades que exigiam explicação. A Convenção havia acordado que o Presidente deveria ser pago pelo governo nacional; ficou entendido que isso também seria feito com a Câmara Baixa, sendo que com a Câmara Alta o ponto ficou indefinido. A Comissão previa que os membros de ambas as Casas fossem pagos pelo Estado em que fossem escolhidos, e a cláusula sobre o pagamento do Presidente "pelo tesouro público" foi retirada. Acerca da provisão para a admissão de novos Estados, embora as resoluções não o justificassem, a Comissão estipulou que esses Estados deveriam "ser admitidos nos mesmos termos dos Estados de origem". Ao garantir proteção a cada Estado "contra violência interna", a Comissão limitou isso aos casos em que o Legislativo Estadual assim solicitasse. Outras questões, as mais conspícuas e as mais importantes de todas, foram aparentemente devidas à influência dos dois sulistas na Comissão, Rutledge e Randolph: foram acrescentados dispositivos de que não deveria haver interferência no comércio de escravos, de que nenhum imposto de exportação deveria ser estabelecido, e de que os atos relativos à navegação deveriam exigir uma votação de dois terços de ambas as Casas para aprovação.

A importância do trabalho da Comissão de Detalhes foi amplamente apreciada, e foi um trabalho bem-feito. Grande crédito foi dado aos membros da Comissão, e não é de surpreender que eles deviam se orgulhar disso e nem que em anos posteriores isso seria, aos seus próprios olhos, ainda mais importante. Ellsworth tinha isso em mente logo após a morte de Washington, quando seu neto o citou no sentido de que

> a influência de Washington na Convenção não foi muito grande, pelo menos não muito quanto à formação da atual Constituição dos Estados Unidos em 1787, que o juiz Ellsworth disse ter sido desenhada por ele e outros cinco.

Para o presente propósito, porém, é suficiente considerar o relatório da Comissão como definidor de uma etapa distinta no desenvolvimento da Constituição.

CAPÍTULO X

DETALHES E ACORDOS

Foi na segunda-feira, 6 de agosto, que a Convenção se reuniu novamente para receber o relatório da Comissão de Detalhes, e desde então, até 10 de setembro, esse relatório foi objeto de suas deliberações. Todos os dias, durante cinco semanas e cinco horas por dia – e durante uma semana por seis horas por dia – o trabalho foi mantido. Desde o dia da inauguração até o final do mês de agosto, William Samuel Johnson registrou em seu diário apenas cinco dias frios, e dois deles eram domingos. Artigo por artigo, seção por seção, cláusula por cláusula, o projeto de Constituição foi discutido e aprovado. Era uma tarefa difícil e cansativa. Desde a adoção do Grande Acordo e a proteção dos interesses dos pequenos Estados no Senado, muitos da oposição haviam sido conquistados e agora trabalhavam em harmonia com aqueles que eram a favor de estabelecer um governo nacional forte. Não é de se admirar, portanto, que antes do fim muitos dos delegados tenham ficado impacientes com aqueles que se apegavam a pontos que, para a maioria, pareciam triviais e que, ao final, para a conclusão do trabalho, a grande maioria tenha passado por cima dos poucos na minoria.

Se esses pontos forem levados em conta, e se lembrarmos que grande parte do trabalho durante essas semanas foi puramente formal, é possível passar rapidamente por muitas das questões que consumiram bastante tempo, mas que, ao final, eram de pouca importância ao se considerar o trabalho como um todo. O espírito conciliatório era claramente discernível na determinação de detalhes como a idade e os mandatos dos membros do Legislativo. As qualificações dos eleitores foram estabelecidas no mesmo espírito, adotando-se o parecer da Comissão de que deveriam ser as mesmas "que as dos eleitores dos vários Estados, do mais numeroso ramo de seus próprios Legislativos". Sendo novamente impossível para a Convenção concordar com qualquer regra satisfatória de qualificações de propriedade para membros do Congresso, foi decidido retirá-la completamente, e a provisão da Comissão de que o legislador poderia estabelecer tais qualificações foi consequentemente eliminada. A questão de se permitir que os membros do Congresso fossem nomeados para cargos que eles próprios estabeleceram foi resolvida com a proibição de tal nomeação para qualquer cargo que tenha sido criado, ou cujos emolumentos tenham sido aumentados, durante o mandato dos membros em questão, e pela previsão de que nenhuma pessoa que ocupasse um cargo nos Estados Unidos pudesse ser membro do Congresso.

A Comissão de Detalhes havia aceitado o relatório da primeira Comissão conciliatória e havia definido a representação na Câmara Baixa "à razão de um para cada 40 mil habitantes". Essa proporção foi contestada por Madison porque o futuro aumento da população tornaria excessivo o número de Representantes. Gorham não achava que o governo duraria o suficiente para isso: "pode-se supor que este vasto país, incluindo o território ocidental, daqui a 150 anos continue sendo uma nação?" Com a simples inserção das palavras "não excedendo", de modo que a cláusula indicasse "não excedendo a taxa de um para cada 40 mil", a dificuldade foi removida e a seção foi aceita por unanimidade.

As reuniões anuais do Legislativo foram prontamente aceitas, mas havia a questão se maio ou dezembro era a melhor época do ano para início das sessões. Madison preferia maio como a melhor época para viajar, enquanto para dezembro argumentava-se que uma sessão de verão interferiria nos negócios dos membros, quase todos provavelmente "mais ou menos ligados à agricultura". A última ideia prevaleceu, e as sessões foram marcadas para a "primeira segunda-feira de dezembro, a menos que um dia diferente fosse designado por lei". Parecia não ter havido intenção, na verdade, nenhuma concepção, de que um longo intervalo poderia transcorrer entre a eleição dos membros do Congresso e sua posse. Essa infeliz condição é o resultado de uma combinação acidental de circunstâncias que ocorreram no momento da ratificação da Constituição e da posse do novo governo.[37]

A exigência de três anos de cidadania para os membros da Câmara de Representantes e de quatro anos para o Senado foi considerada insuficiente para manter os estrangeiros fora do Legislativo. O tempo foi, portanto, estendido para sete anos para a Câmara Baixa e foi feita uma proposta para aumentá-lo na Câmara Alta para quatorze anos. A questão era delicada, pois vários membros da Convenção eram de origem estrangeira. Um deles, Butler, argumentou a favor da restrição, admitindo francamente que até ter vivido algum tempo no país não estava apto a servir em cargos públicos. Wilson, por outro lado, falou fortemente contra isso. Quando morava em Maryland, sentira profundamente que estava sendo impedido de ocupar cargos públicos por esse motivo e, além disso, parecia

---

37 N.T. Originalmente, a posse do Presidente, do Vice-Presidente e dos membros do Congresso ocorria somente no início de março do ano seguinte às eleições. No entanto, como estas são realizadas em novembro, criava-se um período bastante longo entre a eleição e a posse dos novos eleitos. No que toca ao Executivo, este lapso temporal passou a ser chamado de *presidential transition*, ao passo que no Legislativo utiliza-se a expressão *lame duck Congress*. Adotada em 1933, a Emenda Constitucional n. 20, visando encurtar esses períodos, estabeleceu o mês de janeiro para a posse dos novos eleitos (membros do Congresso no dia 3, Presidente e seu Vice no dia 20).

anômalo permitir que um homem participasse da elaboração de uma nova Constituição e depois impedi-lo de ocupar cargos sob ela. A cidadania de nove anos foi finalmente acordada como um requisito adequado para os membros da Câmara Alta, embora um esforço malsucedido tenha sido feito por Wilson para que esse e o requisito para a Câmara Baixa fossem reduzidos em extensão.

Um dos casos em que a Comissão de Detalhes ultrapassou seus poderes foi ao providenciar o pagamento dos membros de ambas as Casas do Legislativo pelos Estados em que foram escolhidos. Quando esta cláusula foi apresentada à Convenção, houve pouca discussão sobre o assunto. Por grande maioria, foi votado que eles deveriam ser pagos pelo tesouro nacional. Isso foi considerado necessário para torná-los independentes dos Estados. Houve objeção à fixação na Constituição do valor do pagamento por causa das mudanças que ocorreriam no valor do dinheiro. Para evitar a dificuldade, uma sugestão anterior de Madison foi considerada de que algum outro padrão de valor deveria ser adotado, como o trigo. Isso não foi considerado viável, e finalmente decidiu-se permitir que o Legislativo "fixasse seus próprios salários". Havia objeções a esse método, mas ou eram sentimentais, ou incipientes, e essa parecia ser a única forma pragmática de resolução.

A cláusula que previa que as leis que criassem despesas deveriam se originar na Câmara Baixa e que proibia o Senado de emendá-las, a qual fazia parte do Grande Acordo, foi seriamente contestada. Este procedimento não havia sido copiado diretamente da Constituição britânica, mas veio por meio dos governos coloniais e estaduais, onde não obteve sucesso absoluto. Alguns delegados consideravam a cláusula como de nenhuma importância particular e outros a contestavam, por motivos práticos, como sendo inerentemente censurável. A cláusula foi eliminada, mas a ação causou tanta insatisfação que a questão foi reconsiderada. Após debate, no qual várias modificações foram sugeridas e reprovadas e em que Randolph, Gerry, Mason, Franklin, Dickinson e Williamson argumentaram a favor da restrição, enquanto Madison, Wilson,

Rutledge, Gouverneur Morris, Charles Pinckney e Ellsworth se opuseram, a disposição foi novamente rejeitada. Ao registrar a votação, Madison observou que Washington havia votado a favor da medida, mas explicou que Washington a desaprovava e anteriormente havia votado contra, tendo dito que

> desistiu de seu julgamento sobre a questão porque não tinha muito peso material para ele, mas era um ponto essencial para outros que, se decepcionados, poderiam ser menos cordiais em outros pontos de real importância.

Os poderes a serem conferidos ao Congresso eram uma característica muito importante do relatório da Comissão. A primeira estipulação da Convenção sob esse título era que o novo Congresso deveria ter todas as competências legislativas do antigo. E o surpreendente, especialmente para quem está acostumado a condenar os Artigos da Confederação, é ver quão grande parte dos poderes conferidos ao Congresso foi tirada dos Artigos da Confederação. As resoluções da Convenção haviam ainda estabelecido que deveria ser incluído nos poderes do Congresso o direito de legislar em todos os casos para os interesses gerais da União e onde os Estados fossem individualmente incompetentes, ou onde a harmonia dos Estados Unidos pudesse ser interrompida pelo exercício da legislação individual. De acordo com esta disposição, a Comissão definiu a traição contra os Estados Unidos e previu sua punição; previu o estabelecimento de uma regra uniforme de naturalização, a punição dos delitos contra o direito das gentes; e em duas cláusulas curtas concedia poderes para a fixação de impostos e para a regulamentação do comércio. Uma cláusula um pouco mais longa previa a convocação da milícia "para executar as leis da União, fazer cumprir os tratados, reprimir insurreições e repelir invasões". E uma cláusula muito importante foi acrescentada

> para elaborar todas as leis que fossem necessárias e apropriadas para executar os poderes anteriores, e todos os outros

poderes conferidos, por esta Constituição, ao governo dos Estados Unidos, ou a qualquer departamento, ou agente dele.

O Plano de New Jersey havia indicado no início da Convenção que mesmo os pequenos Estados estavam dispostos a aumentar consideravelmente os poderes do Congresso. E indicava, ainda, até que ponto os membros da Convenção haviam progredido em direção à ideia de um governo nacional forte, eis que grande parte dos amplos poderes especificados pela Comissão foram prontamente aceitos pela Convenção, sendo que na maioria deles, de fato, houve o consentimento unânime. Algumas pequenas modificações foram feitas, como "declarar guerra" em vez de fazer guerra, ou "prover e manter uma Marinha" em vez de construir e equipar frotas; um poder adicional foi acrescentado ao autorizar o Congresso a estabelecer leis uniformes sobre o tema de falências; e uma questão interessante foi levantada em relação à assunção de dívidas estaduais pelo governo nacional.

Vários membros da Convenção, entre eles Gerry, defenderam fortemente uma ordem positiva ao Congresso para assumir as obrigações dos Estados, tanto por uma questão de justiça quanto de política pública. As objeções à assunção das dívidas baseavam-se principalmente no medo de beneficiar especuladores ao invés de credores legítimos. A questão foi encaminhada a uma Comissão específica de um membro de cada Estado, e foi finalmente acordada ao se estabelecer que todas as dívidas deveriam ser "tão válidas contra os Estados Unidos sob esta Constituição quanto sob a Confederação". Isso manteve o assunto na mesma agradável incerteza de antes. Não muito depois disso, Gerry anunciou sua incapacidade de aceitar a nova Constituição na forma que ela havia assumido, e logo se tornou abertamente hostil a ela. Essa hostilidade foi atribuída ao seu fracasso em realizar a assunção de dívidas dos Estados, pois ele teria especulado fortemente nessa classe de títulos. Embora isso pudesse estar de acordo com a ética da época, em justiça a Gerry, deve-se dizer que a acusação foi feita anonimamente em meio à controvérsia que mais tarde se alastrou sobre a adoção da Constituição, e Gerry negou veementemente ter mais do que uma quantidade muito pequena desses títulos.

Nesse mesmo momento, foi levantada uma questão sobre o controle das milícias estaduais, tendo sido encaminhada à mesma Comissão que estava considerando a assunção de dívidas estaduais. A referência de ambos os assuntos à mesma Comissão específica de um membro de cada Estado provavelmente foi feita com base no princípio de que os dois envolviam questões de direitos estaduais. Embora a Comissão relatasse ambas as questões ao mesmo tempo, elas foram abordadas separadamente pela Convenção. A questão da milícia estadual foi resolvida concedendo-se ao governo federal o direito de aprovar leis que assegurassem a uniformidade na organização, armamento e disciplina das milícias, e o direito de governar as partes delas que pudessem ser chamadas a serviço dos Estados Unidos, enquanto aos Estados era reservada a nomeação dos oficiais e o treinamento das milícias de acordo com a disciplina prescrita pelo Congresso.

Outra questão de interesse e importância dizia respeito à admissão de novos Estados. Deve-se lembrar que Gouverneur Morris havia favorecido a admissão de novos Estados na União sob condições e limitações que deixariam o controle dos assuntos federais nas mãos dos Estados do Atlântico. Seja por sua própria responsabilidade ou porque interpretou os pontos de vista da Convenção dessa maneira, a Comissão de Detalhes inseriu uma cláusula de que novos Estados deveriam "ser admitidos nos mesmos termos dos Estados originários". Quando foi levada à consideração, Morris protestou contra esta disposição, e fez sua objeção com os mesmos fundamentos de sua oposição anterior: "ele não queria obrigar o Legislativo a admitir Estados no Oeste nos termos aqui declarados... [ele] não pretendia desencorajar o crescimento do país ao Oeste... Ele não queria, no entanto, jogar o poder nas mãos deles". Homens como Madison, Mason e Sherman se opuseram, mas Morris teve sucesso e conseguiu eliminar a cláusula censurável e, então, sem uma voz discordante, a Convenção concordou com o seu substitutivo: "novos Estados podem ser admitidos pelo Legislativo na União". Esta fraseologia era aparentemente tão inofensiva que poderia muito bem obter o apoio unânime da Convenção, mas em vista de sua origem e autoria ela adquire grande importância. Dificilmente se percebe o quão grande era essa importância até que a própria interpretação de Morris da cláusula fosse considerada. Dezesseis anos depois, na época da compra da Louisiana, em uma carta a Henry W. Livingston, ele escreveu:

> Sua pergunta... é substancialmente se o Congresso pode admitir, como um novo Estado, território que não pertencia aos Estados Unidos quando a Constituição foi feita. Na minha opinião, eles não podem.
>
> Sempre pensei que, quando adquiríssemos o Canadá e a Louisiana, seria apropriado governá-los como províncias e não lhes permitir voz em nossos Conselhos. Ao redigir a terceira seção do artigo quarto, fui até onde as circunstâncias permitiram para estabelecer essa exclusão. A franqueza me obriga a acrescentar minha crença de que, se tivesse sido expressa de forma mais incisiva, uma forte oposição teria ocorrido.[38]

---

38 O Justice Campbell, ao emitir sua opinião concorrente no caso *Dred Scott* (19 Howard, 507), citou esta carta de Morris, que também foi apresentada em apoio à causa do governo quando os *Insular Cases* foram discutidos perante a Suprema Corte. É interessante notar, no entanto, que neste último caso apenas uma parte da carta foi citada, quando afirma o direito de governar territórios não pertencentes originalmente aos Estados Unidos como províncias sem voz nos conselhos federais. A parte da carta que questiona o direito de admitir tal território na União foi significativamente omitida. (*Brief in the Insular Cases*, Washington, 1901, 164).

Bancroft, *History of the Constitution (sixth edition, II, 163)*, omite esta carta em particular, mas cita outras de mesma autoria em apoio à surpreendente declaração de que Morris "entregou seus antigos medos aos ventos", e propôs a cláusula em questão "com o pleno entendimento e ciência de que um ato legislativo ordinário por uma maioria simples seria suficiente para introduzir território estrangeiro como um Estado na União".

A admissão de novos Estados naturalmente trouxe à tona a questão das reivindicações de terras no Oeste, e a mesma ação foi tomada no caso das dívidas estaduais. O assunto foi deixado no seguinte estágio: "nada contido nesta Constituição deve ser interpretado de modo a prejudicar quaisquer reivindicações dos Estados Unidos ou de qualquer Estado em particular". Isso foi anexado a outra cláusula que dava ao Congresso poder "para dispor e elaborar todas as regras e regulamentos necessários em relação ao território ou outras propriedades pertencentes aos Estados Unidos".

Por outro lado, considerou-se necessário impor limitações aos poderes do Congresso em certas direções. Uma restrição geral sobre as atividades do Congresso foi encontrada no poder de veto do Presidente, que a Convenção decidiu que poderia ser derrubado por uma votação de dois terços de ambas as Casas. Ao elaborar os detalhes dessa disposição, a Comissão parece ter copiado diretamente da Constituição de Massachusetts, embora Madison tenha afirmado que foi modelada em New York. A Convenção aceitou isso com algumas pequenas modificações e, em seguida, mudou a votação necessária para rejeição de dois terços para três quartos.

O Grande Acordo havia estabelecido que a tributação direta deveria ser proporcional à população, ao que a Comissão de Detalhes acrescentou que "nenhum imposto *per capita* deve ser estabelecido a menos que seja proporcional ao censo". A Comissão de Detalhes havia buscado nos Artigos da Confederação a cláusula de que os Estados Unidos não deveriam conceder nenhum título de nobreza. A Convenção aceitou ambos os pontos e acrescentou outra disposição dos Artigos da Confederação:

> Nenhuma pessoa que detenha qualquer cargo ou encargo de confiança sob os Estados Unidos deve, sem o consentimento do Legislativo, aceitar qualquer presente, emolumento, cargo ou título de qualquer espécie, de qualquer Rei, Príncipe ou Estado estrangeiro.

Uma das limitações impostas aos poderes do Congresso pela Comissão de Detalhes tomou a forma de uma declaração do que deveria constituir traição contra os Estados Unidos, e de uma estipulação de que a pena de um traidor não se estenderia para além de sua pessoa. Com algumas modificações verbais, esta disposição foi adotada por unanimidade pela Convenção, e uma outra disposição foi acrescentada de que o Congresso não deveria aprovar qualquer *Bill of Attainder*[39] nem qualquer lei *ex post facto*.

Enquanto os poderes do Congresso estavam sob consideração, a Convenção aprovou o poder de "tomar empréstimos em dinheiro", mas desaprovou as palavras "e emitir moeda" a crédito dos Estados Unidos. Gouverneur Morris disse que "o interesse financeiro se oporia ao plano do Governo se as emissões de papel-moeda não fossem proibidas". Read "pensou que as palavras, se não riscadas, seriam tão alarmantes quanto a marca da Besta em Apocalipse". Como era geralmente considerado que o governo, com o poder de tomar empréstimos em dinheiro, teria latitude suficiente para "uso de títulos públicos na medida em que pudessem ser seguros e adequados", as palavras censuráveis foram eliminadas.

A tradição britânica mostrou-se de forma inequívoca na definição de traição e na proibição de *Bills of Attainder*, e outra manifestação interessante disso veio quando o poder de "criar exércitos" estava sendo considerado. A Convenção primeiro modificou a redação da cláusula para que nela constasse "criar e manter exércitos" e, em seguida, acrescentou a condição de que nenhuma apropriação de verbas para tal pudesse se dar por um período superior a dois anos.

---

39 N.T. *Bill of Attainder* é uma expressão proveniente do Direito anglo-saxônico e empregada nos Estados Unidos. Consiste em um ato do Legislativo que declara uma pessoa ou um grupo de pessoas culpado de um crime e sujeito à punição, sendo uma condenação decretada por lei em que normalmente não há a incidência do devido processo e do direito de defesa.

As limitações até agora consideradas eram teoricamente importantes, mas aquelas colocadas a respeito do controle do comércio eram de interesse prático direto. A região de New England e os Estados do meio[40] representavam as áreas comerciais e de navegação do país. Exigir que todos os produtos americanos fossem transportados em embarcações construídas e tripuladas por americanos teria sido um grande estímulo para a construção naval e o comércio. Mas o Sul era uma seção produtora. Precisava ter mercados para suas matérias-primas e, portanto, precisava de livre intercâmbio com o mundo exterior. As restrições impostas às colônias pelo governo britânico, antes da independência americana, eram muito temidas. Além disso, para enfrentar seu problema de mão de obra, o Sul precisava de um número cada vez maior de escravos. A influência dos membros do Sul no trabalho da Comissão de Detalhes já foi mencionada nas disposições de que não deveria haver imposto sobre as exportações nem sobre "as referidas pessoas que os vários Estados julgarem conveniente admitir"[41] e que os atos relativos à navegação deveriam exigir uma votação de dois terços de ambas as Casas do Congresso.

---

40 N.T. No contexto das chamadas Treze Colônias e no período imediatamente posterior à Revolução Americana, havia uma divisão geográfica que, em contornos menos claros, segue até hoje. As Colônias, e posteriormente os Estados, eram divididos em três grupos. O primeiro deles é denominado de *New England* e era composto por New Hampshire, Massachusetts, Rhode Island e Connecticut. O segundo grupo é conhecido por Estados do Meio (*Middle States*), e consistia em New York, New Jersey, Pennsylvania e Delaware. Por fim, Maryland, Virginia, North Carolina, South Carolina e Georgia compunham o chamado Sul. Em diversos momentos, historiadores utilizam essa divisão geográfica como base para outras distinções de cunho político, cultural, econômico e social.

41 N.T. "As referidas pessoas que os vários Estados julgarem conveniente admitir" era uma alusão velada aos escravos que seriam importados. O texto final da Constituição, no ponto (Artigo 1, Seção 9, Cláusula 1), diz que "a migração ou a admissão de indivíduos, que qualquer dos Estados ora existentes julgar conveniente permitir, não será proibida pelo Congresso antes de 1808; mas sobre essa admissão poder-se-á lançar um tributo não superior a dez dólares por pessoa".

Quando essas questões chegaram à Convenção, a proibição de impostos de exportação foi contestada, mas com mais veemência pelos Estados do meio do que pelos de New England. Madison sugeriu, para melhoria da situação, que os impostos de exportação pudessem ser estabelecidos por uma votação de dois terços. Esta proposta foi derrotada e Massachusetts então apoiou a fórmula então constante da versão preliminar. A proibição de impostos de exportação foi adotada dessa forma por uma votação de sete a quatro. A próxima cláusula desta mesma seção, que pretendia proibir a interferência no comércio de escravos, precipitou uma discussão aguda, embora breve.

Alguns dos delegados do Norte e Mason da Virginia se opuseram, por motivos morais, ao reconhecimento da escravidão na Constituição e, mais particularmente, ao incentivo dessa instituição por meio da permissão do comércio de escravos. Mas o ressentimento mais forte parece ter sido contra a atitude dos delegados de North Carolina, South Carolina e Georgia, que declararam que seus Estados nunca aceitariam o novo plano "a menos que seu direito de importar escravos permanecesse intocado". Afrontar a Convenção com tal ameaça era irritante, para dizer o mínimo. Houve outros, talvez a maioria dos delegados, que foram bem representados por Ellsworth e que argumentaram a favor de deixar

> cada Estado importar o que quiser. A moralidade ou sabedoria da escravidão são considerações pertencentes aos próprios Estados – o que enriquece uma parte enriquece o todo, e os Estados são os melhores juízes de seus interesses particulares.

Na dúvida de que uma solução satisfatória da questão pudesse ser alcançada pela Convenção, foi bem recebida a proposta de que a cláusula relativa ao tráfico de escravos e a seção sobre atos relativos à navegação fossem encaminhadas a uma Comissão de um membro de cada Estado. Como Gouverneur Morris expressou de maneira franca: "essas coisas podem estabelecer uma barganha entre os Estados do Norte e os do Sul".

A Comissão prontamente se pronunciou a favor de nenhuma proibição, antes de 1800, "na migração ou importação de tais pessoas que os vários Estados agora existentes julguem apropriado admitir", mas, enquanto isso, permitia a tributação de pessoas assim importadas a uma taxa que não excedesse a média de direitos de importação e, bem assim, permitia que os atos relativos à navegação fossem aprovados sem exigir uma votação de dois terços. Depois de mudar a data para 1808 e de limitar a tributação a U$ 10,00, como o equivalente ao imposto de importação estimado de 5 por cento, foi feita objeção à imprecisão dos termos usados, e Gouverneur Morris propôs que na cláusula deveria constar "importação de escravos para North Carolina, South Carolina e Georgia". Isso parecia desaconselhável e, embora chamasse a atenção para o fato de que "a cláusula como estava redigida implicava a possibilidade de o Legislativo tributar homens livres importados", a Convenção aceitou a primeira parte do relatório relativo ao tráfico de escravos – New Jersey, Pennsylvania, Delaware e Virginia sendo contra. A análise da cláusula dos atos relativos à navegação foi adiada, mas alguns dias depois de uma emenda que exigia uma votação de dois terços ter sido rejeitada, a Convenção aceitou por unanimidade também esta parte do acordo.

Este foi um dos acordos conspícuos e importantes da Convenção. Não era comumente abordado com tanta franqueza como o era pelo general Pinckney. Na Convenção, ele argumentou contra qualquer restrição à aprovação de atos relativos à navegação por causa da "conduta liberal" dos Estados do Leste "em relação aos pontos de vista de South Carolina". E alguns meses depois, em seu Legislativo Estadual, em resposta às objeções à limitação do tráfico de escravos ao ano de 1808, ele explicou:

> "Mostre algum período", disseram os membros dos Estados do Leste, "quando estiver em nosso poder interromper, se

> quisermos, a importação dessa fraqueza, e nos esforçaremos, para sua conveniência, para conter os preconceitos religiosos e políticos de nosso povo sobre este assunto"... Em suma, considerando todas as circunstâncias, obtivemos as melhores condições para a segurança desta espécie de propriedade que estava ao alcance de nosso poder. Teríamos feito melhor se pudéssemos; mas, no geral, não as acho ruins.

Vale a pena notar que a proibição de impostos de exportação não fazia parte do acordo. O ponto havia sido resolvido anteriormente e não foi encaminhado à Comissão nem incluído em seu relatório. Sem dúvidas, a decisão sobre as taxas de exportação foi parcialmente responsável pela concretização do acordo em questão, mas, na verdade, não fez parte dele.

Assim que o acordo foi finalmente adotado, uma cláusula que previa a entrega de escravos fugitivos foi aprovada por unanimidade e sem debate.

Quando o acordo sobre comércio de escravos e atos relativos à navegação foi debatido na Convenção, ressalvas foram adotadas de que nenhuma "regulamentação de comércio ou receita" deveria "dar preferência aos portos de um Estado sobre os de outro" e que "todos os direitos, impostos e taxas especiais de consumo, estabelecidos pelo Legislativo, deveriam ser uniformes em todos os Estados Unidos". Esta ação foi tomada como resultado de um esforço organizado e determinado por parte dos delegados de Maryland. Dr. McHenry havia sido chamado para sua casa em Baltimore em virtude da doença grave de seu irmão logo após a primeira reunião da Convenção, e ele não retornou à Philadelphia até que os delegados se reuniram em agosto para receber o relatório da Comissão de Detalhes. Ele então persuadiu seus colegas delegados de Maryland a se reunirem para discutir o relatório e tentar chegar a um acordo sobre algum plano de ação comum. De várias dessas reuniões, McHenry manteve algumas notas e, embora houvesse diferentes pontos com os quais não estavam satisfeitos, eles estavam especialmente preocupados com os poderes comerciais do Congresso. As modificações mencionadas acima estavam entre os resultados obtidos.

Luther Martin relata outra dessas reuniões de delegados:

> Lá, o Sr. Gerry e o Sr. Mason realizavam encontros, e com eles se encontravam os delegados de New Jersey e Connecticut, uma parte da delegação de Delaware, um membro honorável de South Carolina, outro da Georgia e eu mesmo.

Destas últimas reuniões políticas não temos mais registro algum.

A triste experiência sob os Artigos da Confederação havia ensinado aos Estados Unidos os perigos da interferência no trabalho do governo central pela ação dos Estados individuais. Uma característica importante do novo governo, portanto, residia nas restrições que deveriam ser impostas aos Estados. A Comissão de Detalhes havia preparado dois artigos sobre o assunto. O primeiro proibia terminantemente os Estados de cunhar dinheiro, conceder cartas de corso ou de marca,[42] firmar tratados ou alianças e conceder títulos de nobreza. O segundo proibia os Estados, exceto com o consentimento do Congresso, de emitir letras de crédito, utilizar algo que não fosse moeda de curso legal, estabelecer obrigações, manter tropas e navios de guerra, fazer acordos com outros Estados ou entrar em guerra a menos que fossem efetivamente invadidos. Essas seções eram importantes na época, e provaram ser importantes desde que a Constituição está em vigor, mas foram tiradas principalmente dos Artigos da Confederação. As disposições relativas à cunhagem de dinheiro, letras de crédito, curso legal e imposição de taxas eram novas e de grande importância. Mas a

42 N.T. Uma carta de corso (ou carta de marca) era um documento oficial emitido pelo Governo de uma nação que concedia ao seu titular uma autorização para atacar e pilhar navios de outras nações.

questão mais significativa vem do fato de que no novo instrumento de governo a limitação da atividade individual do Estado havia sido definida de forma mais nítida e inequivocamente expressa, devendo ser aplicada por um governo forte. Essas restrições foram prontamente aceitas pela Convenção. A proibição de letras de crédito e de utilizar qualquer coisa que não fosse moeda de curso legal em espécie foi tornada absoluta, ao invés de permitida com o consentimento do Congresso, e os Estados também foram proibidos de aprovar qualquer *Bill of Attainder* ou lei *ex post facto*. Uma proposta de Rufus King, no entanto, foi derrotada, a de que buscassem na *Northwest Ordinance of 1787*,[43] aprovada pelo Congresso enquanto a Convenção estava em sessão, a ideia de proibição de aprovação de leis que inviabilizassem ou impedissem as obrigações decorrentes dos contratos anteriormente celebrados.

Para quem se interessa especialmente pelo Judiciário, há surpreendentemente pouco sobre o assunto a ser encontrado nos registros da Convenção. Já vimos que a primeira questão a este respeito que suscitou qualquer discussão particular tinha a ver com o estabelecimento de tribunais inferiores. A objeção a esses

---

43 N.T. A chamada *Northwest Ordinance* (formalmente designada de *Ordinance for the Government of the Territory of the United States, North-West of the River Ohio*) foi um ato do Congresso Continental, aprovado em 1787, que buscava organizar e regulamentar a colonização da região à noroeste dos Estados então existentes. O território em questão consistia nas terras a oeste das montanhas Apalaches, limitadas ao sul pelos rios Mississippi e Ohio, e ao norte pelos Grandes Lagos e pelas Colônias Britânicas da América do Norte (atual Canadá). Sua importância histórica está na fixação do precedente legislativo de como se daria a expansão dos Estados Unidos em direção ao oeste. A ideia central seria que tal expansão ocorreria por meio da formação de novos Estados, sem que houvesse incorporação de novas terras aos antigos. Embora a *Northwest Ordinance* tivesse sido concebida como uma espécie de modelo para a ocupação dos novos territórios, sua implementação esbarrou no conhecido problema dos Artigos da Confederação: a falta de um órgão central nacional que pudesse fazer cumprir o ato legislativo. Após a adoção da Constituição, o Congresso dos Estados Unidos ratificou as regras da *Northwest Ordinance* em 1789.

tribunais veio do sentimento de que os casos deveriam ser julgados primeiro nos tribunais estaduais e chegar aos tribunais federais apenas em apelação. Quando essa dificuldade foi resolvida, permitindo, mas não exigindo a criação de tribunais inferiores, surgiu uma questão sobre o método de nomeação dos juízes. A última determinação dessa questão havia sido para uma nomeação pelo Senado e, por ora, isso havia sido mantido. A jurisdição dos tribunais federais não havia sido determinada pela Convenção para além da aceitação do princípio geral de que deveria incluir casos decorrentes das leis dos Estados Unidos e casos envolvendo a paz e a harmonia nacionais. As especificações relativas a esta jurisdição foram, portanto, deixadas para a Comissão de Detalhes. Tendo a Comissão elaborado esta parte do seu relatório com considerável cuidado, não houve objeções, exceto à redação de algumas cláusulas, sendo que a Convenção tendia mais a um alargamento do que a uma limitação da jurisdição. Os casos sob as leis dos Estados Unidos foram estendidos "a todos os julgamentos tanto de direito quanto de equidade surgidos sob esta Constituição, as leis dos Estados Unidos e tratados feitos (...) sob sua autoridade". Todos os casos que afetassem embaixadores e outros ministros, e todos os casos de almirantado e jurisdição marítima, foram acordados. As controvérsias entre os Estados e os cidadãos de diferentes Estados pareciam incluir também disputas territoriais, e assim o elaborado procedimento copiado dos Artigos da Confederação para tais casos foi eliminado; a cláusula de "controvérsias nas quais os Estados Unidos forem parte" foi adicionada.

Que a jurisdição da Suprema Corte deveria ser originária nos casos que afetem ministros estrangeiros e nos casos em que um Estado deveria ser parte, e que deveria ser de apelação em todos os outros casos foi algo aceito sem questionamentos, exceto que a jurisdição de apelação deveria abranger "tanto o direito quanto os fatos". Que o julgamento de ofensas criminais deveria ser por júri e deveria ser realizado no Estado onde o crime foi cometido também não encontrou objeções. Nesse ponto também foi acordado que o *habeas corpus* não deveria ser suspenso, à exceção dos casos de rebelião ou de invasão em que a segurança pública assim exigisse.

Nenhuma palavra foi dita acerca do grande poder exercido pelos tribunais federais para declarar leis nulas e sem efeito caso contrariassem a Constituição. Tal poder tem sido objeto de muita disputa, e muitos procuraram em vão nos procedimentos da Convenção o fundamento para o seu exercício. Essa dificuldade é facilmente resolvida. A questão não surgiu em conexão com a discussão da competência da Justiça Federal. Em diferentes momentos das sessões da Convenção, no entanto, foi proposta uma associação de juízes federais com o Executivo em um Conselho de Revisão ou no exercício do poder de veto. Naquele momento, foi afirmado repetidas vezes, e por homens como Wilson, Madison, Gouverneur Morris, King, Gerry, Mason e Luther Martin, que o judiciário federal declararia nulas e sem efeito leis que fossem inconsistentes com a Constituição. Em outras palavras, era comumente admitido pelos líderes da Convenção que esse poder existia. Talvez Madison tenha expressado isso da melhor forma. Ele já foi citado dizendo que "considerava a diferença entre um sistema fundado apenas nas legislaturas e um fundado no povo como a verdadeira diferença entre uma liga ou tratado e uma Constituição". E então ele veio a dizer:

> Uma lei que viole um tratado ratificado por uma lei preexistente, pode ser respeitada pelos Juízes como uma lei, ainda que imprudente ou pérfida. Uma lei que viole uma Constituição estabelecida pelo próprio povo, seria considerada pelos juízes como nula e sem efeito.

Em três artigos curtos, a Comissão de Detalhes havia previsto privilégios interestaduais tais como a extradição de criminosos, o reconhecimento recíproco de atos legislativos e procedimentos judiciais e a extensão, aos cidadãos de outros Estados, dos mesmos privilégios e imunidades que os cidadãos do próprio Estado detinham. Essas disposições foram retiradas dos Artigos da

Confederação e, com algumas modificações na redação, foram aceitas pela Convenção sem questionamentos.

Havia um consenso de que as emendas à nova Constituição não deveriam demandar a votação de todos os Estados, mas a Convenção não tinha ido além de declarar a conveniência de emendas sempre que parecesse necessário. A Comissão de Detalhes propôs que, por solicitação dos Legislativos de dois terços dos Estados para uma emenda, o Congresso deveria convocar uma Convenção para esse fim. E isso foi aprovado por unanimidade.

O método de ratificação da nova Constituição foi pouco discutido. Anteriormente, havia um acordo geral de que Convenções escolhidas pelo povo eram preferíveis aos Legislativos estaduais, principalmente porque havia mais probabilidade de que a Constituição fosse adotada pelas primeiras. Surgiu então a questão sobre quantos Estados deveriam ratificar para que a Constituição entrasse em vigor. Uma proposta de treze Estados foi derrotada inicialmente. Outra proposição de dez Estados foi derrotada por uma pequena margem. Madison, Washington e alguns outros eram a favor da ratificação por sete Estados, e Madison propôs que a ratificação fosse por sete Estados desde que incluíssem a maioria do povo. Finalmente, uma proposta de nove Estados foi aceita. Seria arriscado demais permitir que a nova Constituição dependesse da aprovação do Congresso, o que poderia ser adiado indefinidamente. Era descortês ignorar completamente o Congresso e assim, de forma evasiva, foi finalmente acordado que a nova Constituição deveria ser apresentada ao Congresso com a recomendação de que fosse submetida a Convenções nos diferentes Estados.

Esses foram os últimos artigos do relatório da Comissão de Detalhes, mas o fato de alguns terem sido descartados não significava que o trabalho havia terminado. Por uma razão ou outra, vários artigos foram adiados, e alguns dos pontos mais importantes ainda não haviam sido resolvidos.

CAPÍTULO XI

A ELEIÇÃO DO PRESIDENTE

Quaisquer que fossem as dificuldades encontradas em outros pontos, elas eram insignificantes em comparação com o problema então perante a Convenção de se determinar um método satisfatório para eleição do Executivo. As dificuldades anteriores da Convenção nesta matéria foram notadas, e observou-se que todas as soluções então apresentadas eram insatisfatórias. A dificuldade agora havia se tornado maior porque os poderes do Executivo haviam sido ampliados.

As resoluções da Convenção apenas declararam que deveria haver um Executivo unitário com poderes para dar cumprimento às leis nacionais, vetar atos do Legislativo nacional, nomear cargos em casos não previstos de outra forma e que poderia ser destituído por *impeachment*. Ao especificar essas resoluções, a Comissão de Detalhes atribuiu ao Presidente o dever de dar informações ao Congresso e o autorizou a recomendar a esse órgão as medidas que julgasse necessárias ou desejáveis; ele teria poderes para convocar o Congresso em ocasiões extraordinárias e, em caso de desacordo entre as duas Casas sobre o assunto, para suspender e adiar as sessões. Ele deveria receber embaixadores, deveria ser o comandante-chefe do Exército e da Marinha, e teria poder para conceder indultos e perdões. Em caso de morte ou destituição do cargo, seria sucedido pelo Presidente do Senado. Como já notado, a maioria dessas disposições foi retirada diretamente da Constituição do Estado de New York, e uma relíquia interessante dessa origem foi a autorização para "corresponder-se com os Executivos supremos dos vários Estados". De um funcionário concebido no início da Convenção para ser dependente do Legislativo, o Executivo havia se transformado em uma figura independente e de importância. Suas funções podiam ser similares às de um Governador, mas eram de um Governador que era chefe de treze Estados. Não é à toa que alguns dos delegados ficaram horrorizados. Limitações foram feitas a fim de submeter o Presidente ao *impeachment* e para tornar possível derrubar seu veto a atos legislativos por dois terços ou três quartos dos votos de ambas as Casas; mas alguma salvaguarda adicional era ainda necessária e o melhor a ser feito seria estabelecer um mandato adequado e um modo satisfatório de sua eleição.

Quando uma instituição está em operação razoavelmente bem-sucedida por quase cento e vinte e cinco anos, é difícil conceber a atitude em relação a ela de homens que viveram antes que essa instituição existisse. Era um novo ofício que eles estavam criando, e ele parecia ainda maior aos olhos daqueles que, pelas próprias limitações de sua experiência, foram obrigados a pensar nele em termos de monarquia, a única forma de Poder Executivo nacional que conheciam. Como ilustração disso, tomemos o relato dado por Baldwin algumas semanas depois ao Presidente Stiles,[44] que foi registrado por este em seu diário:

> Quanto a um Presidente, parecia ser a opinião da Convenção que ele deveria ser um personagem respeitável pelas nações, bem como pelo império federal. Para este fim, tanto poder deveria ser dado a ele quanto poderia ser consistente com

44 N.T. Ezra Stiles era o Presidente da Universidade de Yale, onde o delegado Baldwin havia se formado e era atualmente tutor.

> a guarda contra toda possibilidade de sua ascensão em um tratado de anos ou eras ao despotismo e monarquia absoluta: do que todos eram cautelosos. Não parecia que qualquer dos membros na Convenção tivesse a menor ideia de lançar insidiosamente as bases de uma futura monarquia como as monarquias europeias ou asiáticas, antigas ou modernas. E foram unanimemente firmes contra qualquer tendência nesse sentido. Assim, pretendiam dar um peso considerável ao Executivo Supremo, mas o fixaram dependente dos Estados em geral, e em todos os momentos sujeito ao *impeachment*.

Outro fator deve ser levado em consideração, sobretudo pelo fato de que essas questões relativas à Presidência estavam sendo consideradas com referência ao futuro político e permanente do país. Parece ter sido geralmente aceito, e certamente foi mais de uma vez mencionado na Convenção como uma coisa natural, que Washington seria o primeiro Presidente dos Estados Unidos. Em 1787, Washington estava no auge de sua popularidade e era tão grande a confiança nele que não se sentia medo quanto à inauguração do novo cargo. É possível que a extensão do poder investido no Presidente tenha sido influenciada pela mesma consideração. Seja como for, deve-se ter em mente que esta era uma discussão de política futura, e era contra os perigos futuros que a Convenção estava se protegendo. Aliás, é indicativo das ideias da época que, após a instalação do novo governo, o título que o próprio Washington teria preferido como o mais adequado para seu cargo era o de "Sua Alteza, o Presidente dos Estados Unidos e Protetor de suas liberdades".

Os poderes e deveres do Presidente, conforme definidos pela Comissão de Detalhes, foram aceitos pela Convenção com algumas modificações notadamente de redação, mas uma eleição pelo Congresso por sete anos e com proibição de um segundo mandato não eram satisfatórias antes e nem eram agora. Depois de rejeitar por grande maioria uma proposta de eleição pelo povo, e por maioria uma proposta de eleição por eleitores escolhidos pelo povo, a Convenção dividiu-se meio a meio sobre uma proposta geral de uma eleição por tais eleitores.[45] A consideração adicional dessa questão foi então adiada. Pouco depois, Wilson comentou: "este assunto dividiu muito a Convenção e também dividirá as pessoas ao lado de fora dela. Na verdade, é o assunto mais difícil de todos que tivemos que decidir".

No último dia de agosto, a Convenção encaminhou todas as partes da Constituição ainda não concluídas para uma Comissão formada por um membro de cada Estado.[46] Essa Comissão definiu imediatamente alguns dos assuntos e, em 4 de setembro, chegou à parte de seu trabalho relacionada ao Presidente. Embora todas as ideias contidas no relatório da Comissão tenham sido abordadas anteriormente na Convenção, o relatório em si foi uma surpresa.

O plano proposto para a eleição do Executivo era um sistema de eleitores escolhidos em cada Estado conforme seu Legislativo pudesse determinar. Os eleitores deveriam ser em número igual à representação do Estado no Congresso, ou seja, Senadores e Representantes. Os eleitores de cada Estado deveriam se reunir e votar em duas pessoas, uma das quais não deveria ser habitante daquele Estado. Esses votos deveriam ser listados, certificados, selados e enviados ao Senado dos Estados Unidos. Eles seriam abertos e contados no Senado, e aquele que tivesse o maior número de votos seria o Presidente, desde que esse número fosse a maioria de todos os eleitores. Em caso de empate, o Senado deveria escolher imediatamente entre eles, e se nenhum tivesse maioria, o

---

45 N.T. Atualmente, no âmbito da sistemática das eleições presidenciais nos EUA, é comum a utilização do termo "delegados" para designar os membros do Colégio Eleitoral. Contudo, à época, a expressão "electors" era usualmente empregada. Sendo assim, por fidelidade, optamos, aqui e ao longo do texto, pela manutenção de sua tradução literal como "eleitores".

46 N.T. A Comissão formada por um membro de cada Estado para tratar das partes não concluídas da Constituição veio a ser chamada originalmente de *Committee on the unfinished parts of the Constitution*. Para fins do presente trabalho, a trataremos como Comissão das Partes Inacabadas.

Senado elegeria o Presidente entre os cinco mais votados da lista. O próximo com maior número de votos seria o Vice-Presidente e, em caso de empate, o Senado escolheria um deles.

Como qualificação para a Presidência foi estabelecido que o titular deveria ter trinta e cinco anos de idade, deveria ser um cidadão nativo dos Estados Unidos ou um cidadão no momento da adoção da Constituição, e residente nos Estados Unidos por quatorze anos. O Vice-Presidente seria Presidente *ex officio* do Senado, mas com direito a voto apenas em caso de empate.

Aparentemente supondo que um método satisfatório de eleger o Presidente havia sido definido, a Comissão recomendou ainda que o Presidente tivesse poder, com o aconselhamento e consentimento do Senado, para fazer tratados e nomear embaixadores e juízes da Suprema Corte, mas nenhum tratado deveria ser feito sem o consentimento de dois terços dos membros presentes.

Como a questão de um órgão de aconselhamento para o Presidente nunca havia sido satisfatoriamente resolvida, a Comissão agora recomendou que o Presidente fosse autorizado a exigir o parecer por escrito do principal dirigente de cada um dos departamentos do Executivo. Nenhum desses departamentos estava previsto na Constituição, mas era suposto que eles seriam estabelecidos e que haveria um único funcionário à frente de cada um. Quase como se fosse incidental, a Comissão também recomendou que os casos de *impeachment* do Presidente e de todos os outros oficiais fossem julgados pelo Senado e não pela Suprema Corte.

A característica central do relatório foi o método proposto para eleger o Presidente, e essa proposta adveio de um acordo. O acordo não era explícito, mas foi referido no decurso dos debates e, em anos posteriores, foi assim explicado por vários membros da Convenção, de modo que sem dúvida fez parte da questão.

As objeções à eleição popular, direta ou indireta, residiam na falta de confiança no conhecimento e julgamento do povo e no medo de que qualquer método desse tipo pudesse dar uma vantagem muito grande aos Estados grandes. No sistema proposto, como o número de eleitores de cada Estado seria igual ao número de seus Senadores e Representantes, os Estados grandes, com maior representação no Congresso, teriam uma vantagem distinta. Para compensar isso, quando não houvesse escolha por parte dos eleitores, o Senado elegeria o Presidente dentre os cinco candidatos mais votados da lista, e com isso, no Senado, os Estados pequenos teriam uma vantagem.

Isso não era aparência, uma mera migalha jogada para os pequenos Estados. Esperava-se que os eleitores votassem naturalmente em homens de seu próprio Estado, daí a disposição de que cada eleitor deveria votar em duas pessoas, uma das quais não deveria ser residente de seu Estado. E esperava-se que cada eleitor votasse independentemente e de acordo com seu próprio julgamento. Nessas circunstâncias, admitiu-se que Washington seria escolhido na primeira eleição, mas nas eleições subsequentes esperava-se que a votação fosse tão dispersa que não daria maioria a nenhuma pessoa. Isso jogaria a eleição para o Senado. Em outras palavras, e foi assim explicado repetidas vezes, e por homens como Madison, Sherman, King e Gouverneur Morris, sob esse sistema os grandes Estados indicariam os candidatos e a eventual eleição seria controlada pelos pequenos Estados.

A Convenção agiu sob o pressuposto de que isso aconteceria na grande maioria dos casos. "Dezenove vezes em vinte", afirmou Mason na Convenção federal, e um pouco mais tarde na Convenção estadual da Virginia afirmou que quarenta e nove vezes em cinquenta o voto dos eleitores não seria decisivo. Vários membros da Convenção pensaram que isso "não seria o caso", mas depois que Mason insistiu que "aqueles que pensam que não há perigo de não haver uma maioria para a mesma pessoa em primeira instância devem desistir da questão em favor dos que pensam o contrário", a ideia foi tacitamente concedida. É bem possível que aqui, como em tantas outras questões, os grandes Estados tenham alcançado seu objetivo sob um véu de concessão. Não cabia a eles contestar a improbabilidade de um resultado de eleição em primeira instância. Se eles tinham a vantagem na escolha dos eleitores, certamente era ainda mais vantajoso para eles que, contrariamente às expectativas, os eleitores determinassem o resultado.

A principal objeção ao plano de eleição proposto era o poder adicional que ele colocaria no Senado, já investido de poderes excessivos. Várias propostas para permitir uma pluralidade de votos eleitorais na determinação da escolha do Presidente foram rejeitadas. Para melhorar a situação, foi acordado que dois terços do Senado deveriam estar presentes na eleição. Alguém propondo que a votação fosse pelos Estados sugeriu imediatamente a substituição do Senado pela Câmara dos Representantes, mas mantendo o princípio da votação pelos Estados. Sem qualquer hesitação, a Convenção adotou o substitutivo, apenas com Delaware votando negativamente e, com algumas pequenas alterações, o novo plano de eleger o Presidente foi aceito pela Convenção. A Comissão havia informado no dia 4 de setembro e no dia 6 o relatório foi virtualmente aprovado, embora as votações finais e alguns pontos menores tenham passado até o dia seguinte. Ao final, três dias foram suficientes para resolver essa questão tão difícil que incomodava a Convenção há três meses.

Uma séria objeção foi feita à Vice-Presidência, e foi francamente admitido por Williamson, um membro da Comissão, que o cargo "não era desejado. Ele foi apresentado apenas por causa de um valioso modo de eleição que exigia dois a serem escolhidos ao mesmo tempo". Em seguida, foi feita objeção ao fato de ele ser forçado ao Senado como seu Presidente. A Convenção, no entanto, aceitou o ponto de vista da Comissão e votou por ampla maioria que o Vice-Presidente deveria ser Presidente *ex officio* do Senado. Quando a eleição final do Presidente foi transferida para a Câmara dos Representantes, a provisão para o Vice-Presidente ficou como antes, ou seja, o Senado deveria fazer a escolha em caso de empate.

O propósito declarado do novo método de eleição era tornar o Executivo independente do Legislativo e, assim, acabar com a intriga e a corrupção inevitáveis a outros arranjos. Nas propostas anteriores de escolha do Presidente pelos eleitores, prevalecia a ideia de que os eleitores deveriam se reunir em um só lugar. Considerou-se um procedimento bastante caro trazer tantas pessoas de Estados distantes com o único propósito de eleger um Presidente, e tal reunião foi considerada um campo fértil para a corrupção. O novo plano, portanto, previa que os eleitores se reunissem em seus respectivos Estados. Votando ao mesmo tempo, e a uma distância tão grande um do outro, "o grande mal da cabala seria evitado".[47] Uma precaução semelhante foi tomada na disposição de que quando os votos fossem abertos na presença do Congresso, caso não houvesse uma maioria "a Câmara dos Representantes escolheria imediatamente por cédula um deles para Presidente". Outra salvaguarda foi acrescentada pela Convenção ao declarar que ninguém deveria ser nomeado eleitor sendo membro do Congresso ou ocupando qualquer cargo, ou ofício de confiança sob os Estados Unidos. Seria difícil dizer exatamente o que estava incluído na temida palavra "cabala".[48] Além de intriga e corrupção, pode ter havido uma vaga ideia de partidos políticos, mas certamente não havia a concepção de organizações partidárias que pudessem enviesar para si o esquema cuidadosamente planejado da Convenção.

Tendo em vista o interesse sempre recorrente no mandato presidencial, não é errado afirmar que a Convenção nunca considerou a questão de um "terceiro mandato". A dificuldade deles era se o Presidente deveria ou não ser eleito pelo Legislativo. Em caso positivo, ele deveria ter apenas um mandato e, no outro, deveria ser passível de reeleição. Seis ou sete anos parecia ser a duração aceitável de um único mandato, e quatro anos era considerado um

---

47 N.T. "Cabala", na presente situação, teria o sentido de complô, conluio, conchavo, maquinação ou trama. Diante de sua força e expressão, optou-se pela mera tradução literal do termo *cabal* da língua inglesa para o português.

48 N.T. Vide nota anterior.

tempo conveniente se a reeleição fosse permitida. Essa foi praticamente a única forma em que essas questões surgiram.

Era evidente que a Convenção estava ficando cansada. A Comissão havia recomendado que o poder de nomeação e a elaboração de tratados fossem retirados do Senado e investidos no Presidente "com o aconselhamento e consentimento do Senado". Com surpreendente unanimidade e surpreendentemente pouco debate, essas importantes mudanças foram aceitas. A exigência da concordância de dois terços do Senado em tratados foi alterada, por sugestão de Madison, para excluir tratados de paz. Isso foi então adotado e no dia seguinte reconsiderado e readotado após a exclusão da exceção dos tratados de paz. A proposta de um órgão de aconselhamento para o Presidente foi rejeitada, embora fosse apoiada por Madison, Wilson, Franklin, Mason e Dickinson. A Convenção, então, por unanimidade, aceitou a recomendação da Comissão "autorizando o Presidente a pedir as opiniões dos chefes de departamentos executivos por escrito". Após pequenas modificações, o julgamento dos *impeachments* foi atribuído ao Senado.

Como parte do acordo na determinação do método de eleição do Presidente, foi definido na Comissão que as leis que criassem despesas mais uma vez seriam originadas na Câmara dos Representantes. Gouverneur Morris e King se referiram na Convenção a esse aspecto do acordo, e Madison, que também era membro da Comissão, foi perfeitamente franco quanto à maneira como essa disposição foi usada:

> Coronel Mason, Sr. Gerry e outros membros dos grandes Estados atribuíam grande valor a este privilégio de originar leis que criassem despesas. Sobre isso, os membros de pequenos Estados, junto a alguns de grandes Estados que desejavam um governo nacional forte, esforçaram-se para fazer valer seu ponto de vista, fazendo com o que privilégio de originar tais leis fosse o preço a pagar para se alcançar os

arranjos na Constituição favoráveis aos pequenos Estados e à elevação do poder do governo.

A Comissão trouxe em seu relatório tal cláusula, mas com a ressalva de que o Senado poderia propor emendas. Quando foi apresentada à Convenção, foi deliberadamente suspensa, por sugestão de Gouverneur Morris, para garantir que outros pontos fossem definidos anteriormente. Quando isso foi realizado com sucesso, a Convenção aceitou a cláusula. Ela havia servido o seu propósito como uma moeda de troca, e toda a virtude havia sido tirada dela ao se conceder ao Senado um privilégio irrestrito de emenda, chegando-se finalmente ao seu lugar na Constituição.

Durante as sessões da Convenção, mas especificamente durante a última parte de agosto, enquanto o assunto da Presidência causava tanta inquietação, corriam rumores persistentes de que o estabelecimento de uma monarquia estava sendo considerado. A forma comum do boato era de que o bispo de Osnabrück, o segundo filho de George III, seria convidado a se tornar rei dos Estados Unidos. Evidentemente, parecia desejável à Convenção interromper esses rumores, pois o que era claramente uma declaração inventada apareceu na mesma época em várias cartas particulares e, finalmente, nos jornais: "embora não possamos, afirmativamente, dizer-lhes o que estamos fazendo, podemos, negativamente, dizer-lhes o que não estamos fazendo – nunca pensamos em um rei".[49]

---

49 No *Independent Gazetteer* de 18 de agosto de 1787 havia esta anedota: "ao derrubar a coroa do campanário da Igreja de Cristo, que há algum tempo havia sido muito danificada por um raio, um dos espectadores perguntou o que eles iriam fazer com ela. Foi-lhe dito que deveria ser consertado e recolocado imediatamente. 'Acho que', diz um menino que estava muito atento à pergunta e responde, 'é melhor esperar até que a Convenção se desfaça e saber primeiro o que eles recomendam'". (W. P. Hazard, Annals of Philadelphia. Revised from "Watson's Annals", Philadelphia, vol. III, 1879, p. 197).

E, ao final, questiona-se se não houve alguma cogitação acerca da monarquia.[50] Os registros mostram francas expressões de alguns dos membros de que consideravam uma monarquia limitada a melhor forma de governo. Quando McHenry retornou à Convenção, em 6 de agosto, ele relata que viu seu colega Mercer fazendo uma lista de membros presentes com "a favor" ou "contra" marcado ao lado de quase todos os nomes. Ao ser perguntado o que isso significava, Mercer respondeu rindo que aqueles marcados com um "a favor" eram favoráveis a um rei. McHenry copiou a lista e, ao saber o que era, Luther Martin a copiou da mesma forma. Dizia-se que havia mais de vinte nomes a favor de um governo monárquico. Mercer, mais tarde, afirmou que aqueles delegados eram favoráveis a um governo nacional, mas sua declaração não foi muito convincente e leva a pensar que McHenry relatou o incidente, em substância, de forma correta. Se alguns dos delegados eram a favor de um governo monárquico, é possível que, quando a Presidência estava tão em dúvida, estivessem circulando rumores de estabelecer uma monarquia para testar a opinião pública. De qualquer forma, o acordo presidencial pôs fim a todos esses esquemas de uma só vez, pois de todas as coisas feitas na Convenção os membros pareciam ter se orgulhado mais disso do que de qualquer outra, e pareciam considerar que haviam resolvido o problema para qualquer país de como escolher um chefe do Executivo.

---

50 Richard Krauel, no *American Historical Review*, XVII, 44-51, apresenta evidências interessantes para mostrar que Nathaniel Gorham, no final de 1786, escreveu efetivamente ao príncipe Henrique da Prússia sobre a possibilidade de ele se tornar o monarca dos Estados Unidos.

CAPÍTULO XII

FINALIZANDO O TRABALHO

Ao mesmo tempo, em que a Comissão das Partes Inacabadas da Constituição apresentou seu relatório sobre a eleição do Presidente, ela apresentou, também, a recomendação de uma modificação no primeiro inciso da seção que detalha os poderes do Congresso e que tem sido objeto de discussão desde aquele dia até hoje. A cláusula, conforme relatado pela Comissão de Detalhes, dizia: "o Legislativo dos Estados Unidos terá o poder de estabelecer e coletar impostos e taxas". A modificação agora proposta era acrescentar as palavras "pagar as dívidas e prover a defesa comum e o bem-estar geral". A mudança foi imediatamente aceita pela Convenção à unanimidade e aparentemente sem discussão. A questão a respeito é se se pretendia ampliar os poderes do Congresso ou apenas apresentar uma explicação da cláusula anterior.

Duas semanas antes, quando se considerava a assunção de dívidas estaduais, uma das formas de redação propostas era "para quitar as dívidas dos Estados Unidos e dos vários Estados contraídas durante a última guerra pela defesa comum e pelo bem-estar geral". Ao mesmo tempo, a Comissão de Detalhes, em um relatório suplementar, recomendou acrescentar à primeira cláusula dos poderes do Congresso a proposição explicativa "para pagamento das dívidas e despesas necessárias dos Estados Unidos". Estas duas propostas foram aparentemente fundidas na cláusula de que "o Legislativo cumprirá os compromissos e quitará as dívidas dos Estados Unidos", a qual foi atrelada ao poder de tributação. Pouco depois, essa ação foi reconsiderada e a cláusula retirada em um prudente acordo: "todas as dívidas... serão tão válidas contra os Estados Unidos sob esta Constituição quanto sob a Confederação".

Quando essa ação foi tomada, Sherman

> achou necessário conectar com a cláusula de imposição de impostos, taxas etc. uma disposição expressa para o objeto das dívidas antigas e agiu para adicionar "para o pagamento das referidas dívidas e para o custeio das despesas destinadas à defesa comum e ao bem-estar geral".

Madison anotou que a proposta foi considerada desnecessária e que apenas Connecticut votou a favor dela.

Sherman era membro da Comissão de Partes Inacabadas da Constituição, e é perceptível que as ideias defendidas pelos seus membros tendiam a ser recomendadas pela Comissão. Gouverneur Morris também era membro e, como representante dos interesses financeiros, havia naturalmente sido fortemente a favor de uma obrigação específica de assumir as dívidas antigas. Esses homens provavelmente tiveram ligação com a redação da cláusula mencionada pela primeira vez e com sua recomendação pela Comissão. Mas qualquer que seja a interpretação que lhe seja atribuída, a redação e a pontuação originalmente relatadas e adotadas são inequívocas: "o Legislativo terá o poder de estabelecer e cobrar impostos e para pagar as dívidas e prover a defesa comum e o bem-estar geral dos Estados Unidos".

Dois dias depois que essa ação foi tomada, McHenry falou com vários membros sobre a inclusão de um poder "permitindo ao Legislativo erguer píeres para proteção do transporte no inverno e preservar a navegação dos portos". Gouverneur Morris foi um dos consultados e, embora fosse a favor, pensou que tal poderia ser feito com base na cláusula de defesa comum e bem-estar geral. McHenry ficou evidentemente surpreso e observou um tanto admirado: "se isso compreende tal poder, vai autorizar o Legislativo a conceder privilégios exclusivos a empresas comerciais etc." Tudo isso é interessante e provavelmente importante como indicação do que Morris gostaria que essa cláusula significasse.

Enquanto a Convenção ainda estava envolvida na discussão da questão presidencial, a Comissão das Partes Inacabadas da Constituição também recomendou uma cláusula dando poder exclusivo ao Congresso sobre o distrito da sede do governo e outra autorizando direitos autorais e patentes. Ambas foram aprovadas à unanimidade.

No sábado, 8 de setembro, resolvidas as questões relativas ao Executivo, o trabalho sobre o relatório da Comissão de Detalhes estava praticamente concluído. Assim, uma Comissão de cinco membros foi nomeada "para revisar o estilo e organizar os artigos que haviam sido acordados pela Casa".[51] A Comissão era formada exclusivamente por membros favoráveis à nova Constituição, Doutor Johnson, Alexander Hamilton, Gouverneur Morris, James Madison e Rufus King. Na segunda-feira, dia 10, uma breve sessão parece ter sido realizada para permitir a discussão de alguns pontos ainda não resolvidos, e a Convenção foi suspensa para aguardar o relatório da Comissão.

A única ação importante tomada na segunda-feira estava relacionada a futuras emendas da Constituição. A disposição no projeto desenhado pela Comissão de Detalhes – que no caso de manifestação de dois terços dos Legislativos estaduais o Congresso deveria convocar uma Convenção para esse fim – foi adotada por unanimidade pela Convenção. Gerry, então, pediu e

51 N.T. Naquela que veio a ser a Comissão de Estilo.

obteve consentimento para que isso fosse reconsiderado, porque ele achava que dois terços dos Estados poderiam, assim, comprometer toda a União com inovações perigosas. Esse movimento foi aproveitado por aqueles que desejavam um método mais fácil de emenda, a fim de possibilitar ao Congresso editar emendas sempre que dois terços de ambas as Casas julgassem necessário. Gerry evidentemente desejava exigir o consentimento de todos os Estados para adotar uma emenda, mas Wilson propôs exigir a aprovação de apenas dois terços. Quando a última moção foi derrotada por um voto, Wilson imediatamente sugeriu três quartos e a Convenção adotou à unanimidade. Uma ressalva foi então acrescentada, por insistência dos Estados do extremo Sul, de que nenhuma emenda deveria ser feita antes de 1808 que interferisse no tráfico de escravos.

Em seguida, Gerry buscou alterar outra seção previamente acordada, de modo que a aprovação do Congresso fosse essencial para a adoção da nova Constituição. Embora apoiada por Hamilton e outros, a emenda foi derrotada. Randolph, tendo anteriormente expressado suas dúvidas sobre esse ponto, agora se manifestou categoricamente contra ele. Ele queria que a nova Constituição fosse transmitida por meio do Congresso e dos Legislativos estaduais para as Convenções estaduais. Em seguida, outra Convenção geral deveria ser realizada com plenos poderes para adotar ou rejeitar as emendas que pudessem ser propostas pelas várias Convenções estaduais. A moção incorporando essas propostas foi colocada na mesa e a Convenção foi suspensa após instruir a Comissão de Estilo a preparar uma exposição de motivos para acompanhar a Constituição.

Na quarta-feira, a Comissão de Estilo estava pronta para fazer seu relatório, que foi imediatamente encaminhado para impressão para conveniência dos delegados. O trabalho realizado na preparação deste relatório provavelmente deve ser creditado a Gouverneur Morris. Logo após o término da Convenção, Baldwin estava visitando sua antiga casa em Connecticut e se encontrou com o Presidente Stiles.[52] Para ele, Baldwin afirmou que o trabalho desta Comissão foi feito por Morris e Wilson. Vinte e sete anos depois, Morris escreveu a Timothy Pickering apontando que a Constituição "foi escrita pelos dedos que escrevem esta carta". E Madison confirma isso em uma carta que escreveu pouco antes de sua morte para Jared Sparks:

> O final... pertence justamente à pena do Sr. Morris. (...) Melhor escolha não poderia ter sido feita, como ficou comprovado no desempenho da tarefa. É verdade que o estágio dos materiais... havia um bom começo... mas havia espaço suficiente para os talentos e gostos estampados pelo autor na Constituição.

Uma comparação atenta do rascunho relatado pela Comissão de Estilo com os procedimentos da Convenção levaria a pensar que nenhuma liberdade indevida havia sido tomada, no entanto, um pouco de suspeita se levanta acerca do trabalho de Morris na preparação desta última versão da Constituição. Isso deve-se em parte às insinuações que ele mesmo fez, como no caso já referido a respeito da admissão de novos Estados, quando escreveu:

> Ao redigir a terceira seção do artigo quarto, fui até onde as circunstâncias permitiam para estabelecer essa exclusão. A franqueza me obriga a acrescentar minha crença de que, se tivesse sido expressa de forma mais incisiva, uma forte oposição teria ocorrido.

Também se deve a histórias que foram sussurradas nos anos que se seguiram à adoção da nova Constituição. Uma ilustração disso pode ser encontrada no que diz respeito à cláusula de "bem-estar geral" que acabamos de considerar. No relatório da Comissão de

52 N.T. Vide nota nº 44.

Estilo, esta cláusula foi separada das cláusulas anteriores e seguintes por ponto e vírgula, tornando-se assim um poder independente do Congresso. Não foi assim que foi adotado pela Convenção, mas estava mais de acordo com as ideias de Morris. A mudança pode ou não ter sido intencional, mas Albert Gallatin,[53] alguns anos depois, declarou abertamente no Congresso que "ele estava bem informado" de que essa modificação era um "truque" inventado por "um dos membros que representavam o Estado da Pennsylvania". Na Constituição, como foi finalmente aprovada, a cláusula foi alterada de volta à forma original, e o crédito por isso Gallatin deu a Sherman.

Enquanto aguardava que o relatório fosse impresso, a Convenção se debruçou no documento que acompanhou a Constituição e, com algumas pequenas mudanças na redação, o aprovou. O rascunho disso está na caligrafia de Gouverneur Morris e foi presumivelmente elaborado por ele. Ele tomou a forma de uma carta ao Congresso e, em termos gerais, expôs o problema perante a Convenção e as razões pelas quais foi necessário desenvolver "uma organização diferente" de governo. As dificuldades encontradas foram apontadas, e "assim a Constituição, que agora apresentamos, é o resultado de um espírito de amizade e da mútua deferência e concessão que a peculiaridade de nossa situação política tornou indispensável". A Constituição não era perfeita, mas que "possa promover o bem-estar duradouro desse país tão querido por todos nós, e garantir sua liberdade e felicidade é nosso desejo mais ardente".

Outro ponto discutido foi a derrubada do veto do Presidente, que um mês antes havia sido alterado de dois terços para três quartos dos votos. Williamson, que havia sugerido a mudança anterior, agora

53 N.T. Trata-se de Abraham Alfonse Albert Gallatin. Nascido em 1761 na Suíça, estabeleceu-se nos Estados Unidos na década de 1780. Ocupou diversos cargos em uma carreira política que se estendeu por quatro décadas. Representou o Estado da Pennsylvania na *House of Representatives* e no Senado, tendo também ocupado a posição de Secretário de Finanças dos EUA entre 1801 a 1814.

propunha mudar novamente, pois estava convencido de que dois terços era a melhor proporção. Sherman, Gerry, Mason e Pinckney o apoiaram, enquanto Gouverneur Morris, Hamilton e Madison falaram em oposição. Madison evidentemente considerou o ponto de alguma importância, pois explicou que três quartos foram acordados quando o Presidente seria eleito pelo Legislativo e por sete anos, ao passo que agora ele seria eleito pelo povo e por quatro anos. Os dois objetivos do veto eram defender os direitos do Executivo e "impedir a injustiça popular ou facciosa". A experiência dos Estados demonstrou que seus controles eram insuficientes. No geral, ele concluiu que o "perigo da fraqueza de dois terços" era maior do que o "perigo da força de três quartos". Apesar de seu apelo, a mudança de volta para dois terços foi feita por uma votação de seis Estados contra quatro, com um Estado dividido. Madison fez questão de registrar que, enquanto Maryland votou por dois terços, McHenry daquele Estado votou contra, e que o voto negativo de Virginia foi determinado por Washington, Blair e ele próprio, anulando Mason e Randolph.

Williamson havia sido membro da Comissão das Partes Inacabadas da Constituição. É possível que ele não tenha conseguido fazer com que a Comissão relatasse certas mudanças que ele desejava e então apelou para a Convenção. De qualquer forma, tendo conseguido obter uma mudança nas disposições relativas ao veto, ele agora chamava a atenção para o fato de não haver previsão de júri em casos civis. Os registros dessa discussão são escassos e não seriam dignos de nota se o ponto não tivesse suscitado tantas críticas mais tarde. Das poucas declarações feitas na Convenção e das muitas explicações feitas depois, parece haver pouca dúvida de que não havia objeção aos júris em casos civis. A dificuldade veio em tentar estabelecer uma regra geral. A prática nos diferentes Estados variava, e havia alguns casos envolvendo cortes de equidade e direito marítimo em que os júris não eram aconselháveis.[54] Na

54 N.T. Corte de Equidade (em inglês conhecida como *Court of Equity* ou *Chancery Court*) é, no contexto anglo-saxão, um tribunal autorizado a julgar

verdade, a Convenção estava com pressa para prosseguir. O fim estava realmente à vista, e os membros não viam como poderia haver algum perigo se o assunto fosse deixado para o Congresso tratar. Consequentemente, nada foi feito.

Até mesmo Mason consentiu que o assunto fosse ignorado, especialmente se alguns "princípios gerais" fossem estabelecidos. Sem dúvida que com sua amada Declaração de Direitos da Virginia em mente, ele agora expressava o desejo de que a Constituição fosse prefaciada com uma declaração semelhante e alegou que levaria apenas algumas horas para prepará-la. Gerry prontamente propôs a criação de uma Comissão para preparar uma declaração de direitos. Sherman é o que se tem registro de ter falado contra isso, e ele apenas disse que achava desnecessário, pois as declarações de direitos estaduais eram suficientes e não seriam revogadas pela Constituição. A Convenção votou à unanimidade contra a proposta.

Mason então pediu que a proibição de tributos de exportação fosse reconsiderada e, quando isso foi concedido, ele propôs que a restrição não deveria impedir um Estado de tributar exportações com o único propósito de cobrir as despesas de inspeção, embalagem e armazenamento. Houve uma pequena discussão sobre esse ponto, mas parecia não haver nenhuma objeção séria a ele, desde que o poder fosse suficientemente salvaguardado. Isso foi feito submetendo todos esses regulamentos à revisão e controle do Congresso. O dispositivo foi então adotado por grande maioria.

Na manhã de quinta-feira, 13 de setembro, as cópias impressas do relatório da Comissão de Estilo ficaram prontas, mas, antes que se pudesse começar a trabalhar nelas, Mason

---

com base em princípios de equidade. Tais cortes, comuns na Inglaterra e nas suas Colônias, acabaram, ao longo dos anos, se fundindo a outros tribunais, perdendo sua característica diferenciadora ligada à equidade.

> depois de falar sobre a extravagância de nossas maneiras, o consumo excessivo de supérfluos estrangeiros e a necessidade de restringi-los, tanto com visões econômicas quanto republicanas... propôs que uma Comissão fosse nomeada para relatar um estatuto de associação cujo objetivo seria encorajar, por influência e pelo exemplo dos membros da Convenção, a frugalidade econômica e utilização das manufaturas americanas.

O Dr. Johnson gentilmente apoiou a moção, e com evidentes sinais de impaciência a Convenção concordou com a proposição e nomeou uma Comissão de cinco, mas nenhum relatório foi apresentado.

Três dias foram gastos pela Convenção comparando cuidadosamente cada artigo e seção da minuta revisada da Constituição elaborada pela Comissão de Estilo com os procedimentos encaminhados a esta última. Em geral, a Convenção aprovou com entusiasmo o trabalho que havia sido feito, embora, como já foi dito, alguns membros descontentes queixaram-se depois de práticas incisivas da Comissão. Mesmo que houvesse alguma base para tais acusações, o verdadeiro motivo de reclamação estava no fato de que a grande maioria dos delegados era a favor do documento tal como fora apresentado e estava impaciente com os poucos membros que estavam atrasando a conclusão do trabalho com o que parecia ser, para a maioria deles, apenas assuntos menores. É possível encontrar este tipo de registro: "um número de membros agindo muito impacientemente e encaminhando a questão" rejeitou prontamente a moção.

Por outro lado, desejava-se que o ato final da Convenção fosse unânime. Assim, muitas concessões foram feitas para conciliar a oposição, desde que nenhum princípio importante estivesse envolvido. Por exemplo, o controle final do Congresso sobre a hora, o local e a maneira de realizar a eleição de Senadores e Representantes foi limitado pela inserção de "'salvo quanto aos locais de escolha dos Senadores'... a fim de excepcionar as vagas dos governos estaduais do poder do Congresso".[55] A proibição de um imposto *per capita* foi modificada para incluir qualquer "outro imposto direto". O orçamento de receitas e despesas públicas deveria ser publicado de tempos em tempos. A proibição de leis estaduais que alterassem a obrigatoriedade dos contratos, outrora pedida inutilmente por Rufus King, havia sido inserida pela Comissão de Estilo da qual ele era membro e agora era aceita pela Convenção sem questionamentos. A nomeação de um gestor financeiro por votação conjunta do Congresso também foi descartada como uma infeliz distinção entre esse oficial e outros, embora Gorham e King pensassem que as pessoas estavam acostumadas a ter gestores financeiros nomeados dessa maneira e que a inovação "multiplicaria as objeções ao sistema".

Essas e outras mudanças foram feitas para conciliar a oposição na Convenção, mas com a percepção de que tais objeções eram provavelmente as mesmas que seriam feitas quando a Constituição fosse apresentada ao povo. Algumas mudanças, no entanto, foram recusadas. Exigir uma votação de dois terços para atos relativos à navegação antes de 1808 foi derrotada por sete Estados contra três. Uma proposta para permitir um membro adicional na primeira legislatura para North Carolina e um aumento semelhante como uma espécie de compensação para Rhode Island foi rejeitada. Uma declaração de liberdade de imprensa foi considerada desnecessária, pois o poder do Congresso não se estendia à imprensa. O poder de estabelecer uma universidade nacional livre de distinções religiosas foi considerado incluído no poder sobre a sede do governo, supondo-se que ali estaria localizada. Franklin queria um poder específico no Congresso para construir canais. Madison desejava que este fosse um poder geral de "incorporação", com o objetivo direto de prover melhorias internas. Foi feita a objeção de que as

---

55 N.T. Na medida em que a proposta continha uma disposição no sentido de que os governos estaduais nomeariam Senadores em casos de vacância do cargo, a ideia era fazer com que tal disposição ficasse imune do poder regulamentar do Congresso.

pessoas em New York e Philadelphia interpretariam isso como uma intenção de estabelecer um banco e que em outros lugares eles pensariam que se tratava de estabelecer monopólios mercantis. Sendo os canais considerados como um caso concreto e da maior importância, uma proposta específica a esse ponto foi encaminhada, e apenas Pennsylvania, Virginia e Georgia votaram a favor. Algumas pequenas alterações foram feitas na forma de emendar a Constituição com a intenção de facilitar esse processo, mas elas se mostraram sem importância, devido à dificuldade em superar o requisito fundamental de obter a ratificação de três quartos dos Estados. Também se temia que o Congresso se recusasse a agir e, portanto, tal instituição estaria obrigada a convocar uma Convenção caso assim demandassem dois terços dos Estados. Algumas sugestões adicionais foram feitas por Sherman, Gerry e Brearley em relação às emendas, que foram todas rejeitadas. Com a ideia de conciliação em mente, Gouverneur Morris fez uma moção que foi "ditada pelos murmúrios circulantes dos pequenos Estados... que nenhum Estado, sem seu consentimento, seria privado de seu igual sufrágio no Senado".

Os Artigos da Confederação eram um acordo "entre os Estados de New Hampshire, Massachusetts, Rhode Island..." e o resto dos treze. Durante a elaboração de seu relatório, a Comissão de Detalhes experimentou no preâmbulo "Nós, os Povos e os Estados de New Hampshire, Massachusetts, Rhode Island" etc., mas depois isso foi alterado para "Nós, os povos dos Estados de...".[56] Quando os membros da Comissão de Estilo enfrentaram esse ponto, eles se viram confrontados com uma nova dificuldade. A Convenção havia votado que a nova Constituição poderia ser ratificada por nove Estados e deveria entrar em vigor entre os Estados que a

---

56 N.T. No original, a versão preliminar do preâmbulo dizia: "We the People of and the States of New Hampshire, Massachusetts, Rhode Island..."; com a alteração proposta, retirava-se a partícula "and", resultando em "We the People of the States of New Hampshire, Massachusetts, Rhode Island...".

ratificassem, mas nenhum poder humano poderia prever quais seriam esses Estados. Até que ponto esse foi o fator determinante e quais outros motivos podem ter atuado, não temos registro. O simples fato é que a Comissão de Estilo habilmente contornou a dificuldade diante deles ao formular o preâmbulo: "Nós, o povo dos Estados Unidos".

Visto sob essa luz, o preâmbulo perde algo da importância que muitas vezes lhe é atribuída, mas as palavras de abertura permanecem entre as mais significativas da Constituição. Tal frase teria sido impossível no início da Convenção; foi aceita sem questionamentos no final. A Convenção havia se reunido para revisar os Artigos da Confederação; acabou por estruturar um instrumento inteiramente novo, a Constituição dos Estados Unidos.

Foi no sábado, 15 de setembro, que o verdadeiro trabalho da Convenção foi encerrado e, para terminá-lo, permaneceu-se em sessão naquele dia até às seis horas. Naquele momento, a simples declaração de Madison foi a seguinte: "sobre a questão de concordar com a Constituição, conforme emendada. Todos os Estados sim – a Constituição foi então encaminhada para impressão".

Pouco antes da votação para aprovação da Constituição, Randolph fez um último apelo para que uma segunda Convenção fosse convocada com o intuito de deliberar sobre emendas que pudessem ser sugeridas por cada Convenção estadual. A menos que isso fosse feito, ele disse que não poderia assinar a Constituição naquele momento e que poderia se opor à adoção mais tarde. Mason seguiu na mesma linha e anunciou que, a menos que uma segunda Convenção fosse acordada, ele não assinaria a Constituição nem a apoiaria mais tarde na Virginia. Gerry também manifestou suas objeções à Constituição e pensou que a melhor coisa a ser feita era convocar uma segunda Convenção. Mas os demais representantes não concordaram com esses três homens. Em vista dos problemas que eles próprios tiveram, parecia duvidoso que uma segunda Convenção, reunida após instruções discordantes de seus eleitores, pudesse concordar com qualquer coisa. Assim, a proposta de Randolph foi rejeitada à unanimidade.

Na segunda-feira, dia 17, a Convenção se reuniu pela última vez. A Constituição impressa foi lida e, para disfarçar o fato de que alguns dos delegados presentes não estavam dispostos a assinar o documento, Gouverneur Morris concebeu uma forma que faria a ação parecer unânime: "Feito em Convenção, pelo consentimento unânime dos Estados presentes em 17 de setembro... Em testemunho sob o qual subscrevemos nossos nomes".[57] Pensando que a ideia teria uma recepção melhor se viesse de outra pessoa que não ele mesmo, Morris persuadiu Franklin a apresentar a forma de aprovação proposta, o que ele fez em um discurso pedindo harmonia e unanimidade. O próprio Franklin estava bastante orgulhoso desse esforço e fez várias cópias do discurso que enviou a inúmeros amigos. Não demorou muito para que o discurso fosse publicado, tendo sido muito bem recebido. Outro ponto de vista a respeito do discurso, entretanto, que também lança alguma luz sobre a opinião contemporânea sobre Franklin, foi expressado pela nota de McHenry: "era claro, insinuante e persuasivo – e para todos os efeitos guardava a fama do Doutor".

Pouco antes da adoção da Constituição impressa ser colocada em questão, Gorham disse que, se não fosse tarde demais, ele gostaria de ver a proporção de representação na Câmara Baixa mudar de um para cada 40.000 habitantes para um para cada 30.000. Ele foi apoiado por King e Carroll, mas não há razão para supor que essa sugestão teria encontrado um destino diferente agora do que quando feita anteriormente na Convenção, especialmente porque era totalmente irregular trazê-la nesta fase do processo, a menos que a moção tivesse sido "inspirada". Quando Washington se levantou para trazer a questão, ele disse que, embora reconhecesse

57 N.T. No original: "*Done in Convention, by the unanimous consent of the States present the 17th of September... In Witness whereof we have hereunto subscribed our names*".

a impropriedade de seu discurso enquanto Presidente da Convenção, achava que essa emenda era de tanta importância que "não podia deixar de expressar seu desejo de que a alteração proposta pudesse ocorrer". Sem uma única objeção, a mudança foi então aceita por unanimidade. Essa foi outra concessão feita para evitar críticas populares, mas pode ter se originado de uma sugestão de Washington e, em qualquer circunstância, sua adoção foi um testemunho impressionante de sua influência.

A Constituição foi então assinada por todos os membros presentes, exceto Gerry, Mason e Randolph.

> Enquanto os últimos membros a assinavam, o doutor Franklin, olhando para a cadeira do Presidente, atrás da qual um sol nascente estava pintado, observou, a alguns membros próximos a ele, que os pintores acham difícil distinguir em sua arte um sol nascente de um sol poente. Eu tenho, disse ele, muitas e muitas vezes no decorrer desta Sessão, com as vicissitudes de minhas esperanças e meus medos, olhado para trás do Presidente sem ser capaz de dizer se se tratava de uma aurora ou de um poente: mas agora finalmente tenho a felicidade de saber que é um sol nascente e não um que se põe.

Foi acordado que os documentos da Convenção deveriam ser entregues a Washington para serem guardados em segurança, sujeitos à ordem do Congresso se fosse aprovada a nova Constituição. A Convenção então foi encerrada. De acordo com os jornais locais, o trabalho foi concluído por volta das quatro horas da tarde de segunda-feira, e pelo diário de Washington sabemos que os "membros se reuniram na Taverna da Cidade, jantaram juntos e se despediram cordialmente". A edição do dia seguinte do *Pennsylvania Packet and Daily Advertiser* consistia em nada além da nova Constituição impressa em letras grandes. Naqueles dias de jornalismo limitado, não poderia haver melhor indicação da opinião contemporânea quanto à importância do que a Convenção Federal havia realizado.

CAPÍTULO XIII

A CONSTITUIÇÃO FINALIZADA

A Convenção havia terminado; havia completado seu trabalho. Na realização de suas tarefas, James Madison foi inquestionavelmente seu líder. Pode-se dizer que ele foi o mestre de obras da Constituição. Isso não é uma supervalorização de seus serviços derivada de seu próprio relato dos procedimentos na Convenção, pois Madison não deu ênfase indevida ao papel que ele próprio desempenhou; na verdade, ele subestimou seu trabalho. E nem se pretende menosprezar os inestimáveis serviços de muitos outros delegados. Mas quando estudamos as condições contemporâneas e tentamos descobrir quão bem os homens daquela época compreenderam a situação; e quando se vai mais longe e, à luz de nosso conhecimento posterior, procuramos aprender quão sábios foram os remédios que eles propuseram, Madison se destaca. Parece que lhe faltou imaginação, mas essa mesma falta tornou seu trabalho de um valor peculiar para o momento. Seus remédios para o insatisfatório estado de coisas sob a Confederação não se baseavam em especulações teóricas, eram práticos. Estavam de acordo com o desenvolvimento histórico de nosso país e de acordo com o espírito de nossas instituições. A evidência também é forte de que Madison não apenas teve um papel importante nos debates, mas que ele era realmente visto por amigos e oponentes como o líder daqueles na Convenção que eram a favor de um governo nacional forte.

Nesses aspectos, ele estava em contraste marcante com Alexander Hamilton, que era um homem intelectualmente superior, e sugeriu um plano de governo mais lógico e consistente do que aquele que foi seguido. Mas Hamilton estava fora de contato com a situação. Ele era mais aristocrático do que democrático e, embora suas ideias pudessem ser excelentes, eram radicais demais para a Convenção e encontraram pouco apoio. Ao mesmo tempo, sendo a favor de um governo nacional forte, tentou ajudar esse movimento de todas as maneiras que podia. Mas dentro de sua delegação ele foi derrotado por Yates e Lansing, e antes que metade das sessões tivessem terminado ele foi totalmente privado de voto pela partida de seus colegas. Encontrando-se de pouca utilidade, ele foi para New York e só retornou a Philadelphia uma ou duas vezes por alguns dias e para assinar o documento completo em setembro.

Em segundo lugar, atrás de Madison e quase no mesmo nível que ele, estava James Wilson. Em alguns aspectos ele era o mentor intelectual de Madison, mas no trabalho efetivo ele não era tão adaptável e nem tão prático. Ainda assim, ele era o apoiador mais capaz de Madison. Ele valorizava a importância de lançar as bases do novo governo de forma ampla e profunda, e acreditava que isso só poderia ser feito baseando-se no próprio povo. Esta foi a principal coisa pela qual ele lutou na Convenção, e com grande sucesso. Seu trabalho na Comissão de Detalhes era menos notável, mas também de grande utilidade.

Ao lado desses dois homens deve vir Washington. Não que ele tenha falado algo na Convenção, além da única instância registrada no final das sessões. Mas, como apontado anteriormente, a influência pessoal deve ter sido um fator importante no resultado do trabalho da Convenção, e o apoio ou oposição de Washington era da maior importância. Ele votou com a delegação da Virginia, seus pontos de vista eram conhecidos e, portanto, não é pouco que o apoio de Washington tenha sido dado a Madison. As ideias de Madison foram o fator predominante na elaboração da Constituição e não parece exagero dizer que a influência de Washington, na forma que tenha sido exercida, foi importante e talvez decisiva para determinar a aceitação dessas ideias pela Convenção.

Gouverneur Morris era um membro notável; brilhante, porém errático. Embora apoiasse os esforços para um governo nacional forte, seu apoio nem sempre foi de grande ajuda. Seu melhor trabalho na Convenção foi como membro da Comissão de Estilo à qual foi confiada a redação final da Constituição. Charles Pinckney também teve uma participação notável na Convenção, mas seu trabalho não deve ser classificado com o de outras mentes maiores. É indubitavelmente verdade que ele sugeriu muitas coisas que foram incorporadas na Constituição, mas eram pontos e detalhes menores, em vez de grandes características estruturais.

Outros membros da Convenção que merecem atenção, embora dificilmente possam ser classificados com os nomes já mencionados, foram Rufus King, General Charles C. Pinckney, John Rutledge, Nathaniel Gorham e, apesar de suas recusas em assinar a Constituição completa, Edmund Randolph e George Mason. Pode parecer surpreendente que nenhuma menção particular seja feita a Benjamin Franklin, mas deve ser lembrado que Franklin era um homem muito velho naquela época, tão fraco que Wilson lia todos os seus discursos para ele e, embora fosse altamente respeitado, suas opiniões não parecem ter tido muito peso. Por exemplo, Madison registrou em relação a uma das moções de Franklin: "foi tratada com grande respeito, mas sim pelo autor da ideia e não por qualquer convicção aparente de sua conveniência ou praticidade".

Até agora, os homens mencionados eram todos partidários, em maior ou menor grau, de um governo nacional forte. Do outro lado estavam homens como William Paterson, John Dickinson, Elbridge Gerry, Luther Martin e os três delegados de Connecticut, Oliver Ellsworth, William Samuel Johnson e Roger Sherman. Eles temiam estabelecer um governo muito fortemente centralizado e, em um momento ou outro, encontravam-se em oposição a Madison e seus partidários. Não obstante, eles devem receber grande crédito pela forma que a Constituição finalmente assumiu. Eles não eram meros opositores e, embora não tenham sido construtivos na medida em que Madison e Wilson o foram, é certo que a Constituição não teria assumido uma forma tão satisfatória se não fosse pela posição tomada por eles. Seus melhores serviços foram prestados na contenção da tendência da maioria de anular os direitos dos Estados e dos indivíduos no esforço de estabelecer um governo demasiadamente forte.

O documento que a Convenção apresentou ao Congresso e ao país como proposta de nova Constituição para os Estados Unidos foi uma surpresa para todos. Ninguém poderia ter previsto os processos por meio dos quais ela foi elaborada, ninguém poderia ter previsto os acordos pelos quais as diferenças de opinião foram reconciliadas e, portanto, ninguém poderia ter previsto o resultado. Além disso, a construção do documento foi incomum. Wilson e a Comissão de Detalhes, e Gouverneur Morris e a Comissão de Estilo, haviam feito seu trabalho notavelmente bem. A partir de uma miscelânea de resoluções, eles fizeram um documento apresentável, mas que não era um trabalho lógico. Nenhum documento originado como este e desenvolvido como tal poderia ser lógico ou mesmo consistente. É por isso que todas as tentativas de análise da Constituição são fadadas ao fracasso. Pela própria natureza de sua construção, a Constituição desafia a análise sobre uma base lógica.

Parece haver apenas uma maneira de explicar e apenas uma maneira de entender o "pacote de compromissos" conhecido como Constituição dos Estados Unidos. John Quincy Adams descreveu-a quando disse que "tinha sido extorquida da necessidade opressiva de uma nação relutante".[58] A Constituição foi um trabalho prático

---

58 *Jubilee of the Constitution*, 1839, p. 55.

para propósitos bastante práticos. Ela foi projetada para atender a determinadas necessidades específicas. Foi o resultado de uma tentativa de remediar os defeitos experimentados no governo sob os Artigos da Confederação.

Uma declaração foi feita acerca do que os delegados da Convenção Federal provavelmente consideravam os defeitos da Confederação. Vimos que, no discurso com o qual abriu os principais assuntos da Convenção, Randolph apontou os mais gritantes desses defeitos, e que apresentou o Plano da Virginia como base de procedimento para saná-los. Vimos como o Plano da Virginia se desenvolveu passo a passo na Constituição. Em todas as etapas, sugestões de soluções adicionais foram feitas por um ou outro delegado, até que todos os defeitos registrados como tais pelos membros da Convenção fossem considerados.

Na Constituição finalizada: o Presidente recebeu o poder de veto em vez de se estabelecer um Conselho de Revisão; os tribunais federais, em vez do Congresso, deveriam ser invocados para verificar a legislação estadual imprópria; e nenhum poder específico havia sido investido no Congresso para estabelecer um banco nacional, fazer melhorias internas ou legislar sobre o tema da educação. Com essas poucas exceções, todos os defeitos conhecidos da Confederação haviam sido considerados.

Por outro lado, não há praticamente nada na Constituição que não tenha surgido da correção desses defeitos específicos da Confederação. A Constituição finalizada necessariamente incluía muitos detalhes que não seriam mencionados em nenhuma enumeração de defeitos. Acordos foram necessários em todos os pontos, e esses compromissos, em alguns casos, produziram resultados imprevistos. A partir desses dois pontos, parece seguro afirmar que o único elemento novo na Constituição, ou seja, a única coisa que não se originou na correção dos vícios observados, foi a disposição relativa ao *impeachment*. Este foi um resultado tão natural quando um Executivo poderoso foi estabelecido que dificilmente é digno de registro. Era tão inevitável quanto impor limitações aos amplos poderes do Congresso para evitar abusos. Quando foi previsto para o Presidente, apenas um passo a mais foi dado para incluir o "Vice-Presidente e todos os Oficiais Civis".

Há muito se reconhece que os criadores da Constituição devem às Constituições dos Estados individuais por muitas das disposições específicas do instrumento federal. Mas isso se torna mais significativo à luz do presente estudo. Por mais que os membros da Convenção Federal tenham se preparado lendo e estudando, e por mais erudição que tivessem ao discorrer sobre governos, antigos e modernos, quando se tratava de ações concretas eles confiavam quase que inteiramente no que eles mesmos haviam visto e feito. Eles dependiam de sua experiência sob as Constituições Estaduais e os Artigos da Confederação. John Dickinson expressou isso muito sucintamente no decorrer dos debates quando disse: "a experiência deve ser nosso único guia. A razão pode nos enganar". De fato, levando em conta os acordos e lembrando que as Constituições Estaduais foram apenas um desenvolvimento posterior dos governos coloniais, é possível dizer que todas as disposições da Constituição Federal podem ser explicadas pela experiência americana entre 1776 e 1787.

A falta de poder para estabelecer um banco nacional foi uma das fraquezas apontadas contra o governo da Confederação. Isso não foi especificamente previsto na nova Constituição porque sua importância ainda não havia sido percebida. O gênio de Hamilton, dentro de um ou dois anos, conseguiu arrancar essa concessão de um Congresso relutante, mas foi necessária a desastrosa situação financeira da Guerra de 1812 para despertar a nação para a necessidade de tal instituição. Da mesma forma, foi a expansão sem precedentes da população para além dos montes Allegheny[59] e a

59 N.T. Os montes Allegheny fazem parte da cordilheira dos Apalaches, cadeia de montanhas situada na região oriental dos Estados Unidos e que se estende por mais de 2000km entre South Carolina e o Canadá. A referida cadeia de

consequente necessidade de melhores meios de transporte que levaram a oposição a concordar com o apoio nacional às melhorias internas que Washington havia defendido muito antes da reunião da Convenção Federal. Gouverneur Morris afirmou ter previsto a aquisição da Louisiana e do Canadá e ter buscado incorporar na Constituição uma frase cautelosa que permitiria sua retenção como "províncias e não lhes permitir voz em nossos Conselhos". Ele alegou que "se tivesse sido expressa de forma mais incisiva, uma forte oposição teria ocorrido". Quer [illegible]vo dos Estados Unidos em 1803 tivesse aceitado ou não [illegible] vista de Morris e concedido o poder que ele havi[illegible]787, o incidente mostra os subterfúgios ao[illegible]picaz da Convenção Federal recorr[illegible]is contingências para além do con[illegible] delegados.

Se, então, a [illegible]ral não foi senão a aplicação da experiência para [illegible]ma série de defeitos específicos no governo sob os Arti[illegible] Confederação, é certo que no curto espaço de tempo em que a Confederação existiu a experiência não teria abrangido toda a gama de atividades governamentais. Não se faz aqui referência a contingências impossíveis de prever, como a introdução do vapor e da eletricidade, mas havia questões que pareciam inexplicáveis ao não estarem previstas em um instrumento de governo, se o que se buscava era elaborar um modelo lógico e compreensivo de Constituição.

O embargo de 1807 e a tarifa protetiva de 1816 ilustram questões alheias à experiência da Confederação e, não tendo sido expressamente previstas no novo instrumento, suscitaram muitas dúvidas quanto à sua constitucionalidade.[60] A grande questão dos

montanhas representou um obstáculo natural na interiorização das colônias britânicas e nos primórdios da nação americana independente.

60 N.T. O Embargo de 1807 foi uma tentativa do Congresso Americano de fechar os portos aos navios ingleses. O objetivo era retaliar a Grã-Bretanha que, durante as chamadas Guerras Napoleônicas, operava um recrutamento

direitos dos Estados surgiu mais dramaticamente nos casos concretos de anulação e secessão. Teria sido inconveniente forçar essa questão em 1787, quando o destino de qualquer tipo de governo central era duvidoso. Mas esses assuntos provavelmente nem foram seriamente considerados naquela época; certamente não há registro de que tenham sido mencionados na Convenção. No entanto, é inconcebível que, se Madison, Wilson ou Hamilton tivessem sido autorizados a estruturar um instrumento lógico e consistente de governo, ter-se-ia uma Constituição que não abrangeria tais contingências. Parece, então, que as omissões na Constituição fornecem uma prova contundente de seu caráter imediatamente prático.

Robert Morris não participou ativamente dos procedimentos da Convenção, mas tendo acompanhado tudo o que foi feito com o maior interesse, escreveu a um amigo:

> Esta obra tem sido objeto de infinita investigação, disputa e declamação. Alardearam-na como uma obra dos céus, outros lhe deram uma origem menos honrada. Tenho muitas razões para acreditar que é obra de homens simples e honestos, e assim, creio, será vista.

Foi essa característica marcante, sua simplicidade, seu caráter prático, que foi responsável pela adoção final da Constituição quando foi apresentada ao povo dos vários Estados. Ali estava um documento que todos podiam entender. Havia diferenças de opinião, é claro, pois tais diferenças são inevitáveis na natureza humana, e as convicções eram tão fortes como são agora.

---

forçado de marinheiros dos Estados Unidos. O embargo, por afetar negativamente a atividade econômica americana, sobretudo dos comerciantes de New England, tornou-se bastante impopular, sendo revogado em 1809. Por sua vez, a Tarifa de 1816, também conhecida como *Dallas Tariff*, foi a primeira tentativa do Congresso em proteger a economia americana da competição de produtos estrangeiros, utilizando-se um tributo de caráter extrafiscal.

> Em Halifax, Virginia, é relatado que um pregador, em uma manhã de domingo, pronunciou da mesa uma oração fervorosa pela adoção da Constituição Federal; mas ele mal terminou sua oração e um leigo astuto subiu ao púlpito, convidou as pessoas para se juntarem uma segunda vez em oração e apresentarem uma inspirada súplica para que o novo esquema fosse rejeitado.

Além disso, não há dúvida de que a mesma classe de homens que pode ser considerada responsável pela convocação da Convenção Federal também deve ser creditada pela adoção da nova Constituição. Mas a opinião pública, pelo menos na medida em que foi representada nas Convenções estaduais, estava dividida, e algumas pessoas tiveram que ser convencidas. A substância do argumento que prevaleceu foi: a reforma é necessária; a nova Constituição propõe remédios com os quais todos estão familiarizados; e se o governo não funcionar bem, são feitas provisões para mudanças a qualquer momento e em qualquer extensão.

Uma vez adotada, a Constituição teve um sucesso para além das esperanças de seus defensores mais fervorosos. Isso, é claro, foi atribuído a virtudes inerentes ao próprio instrumento. Respeito e admiração se desenvolveram e rapidamente se transformaram no que tem sido chamado de “o culto à Constituição”. Foi essa atitude que por tanto tempo obscureceu a percepção do caráter real do documento. E, no entanto, logo após o término da Convenção Federal, o próprio Madison havia declarado no Federalista:

> A verdade é que os grandes princípios da Constituição propostos pela Convenção podem ser considerados menos como absolutamente novos, do que como a expansão de princípios que se encontram nos Artigos da Confederação... Se a nova Constituição for examinada com exatidão e franqueza, verificar-se-á que a mudança que ela propõe consiste muito menos no acréscimo de novos poderes à União, do que no fortalecimento de seus poderes originais.

Os Artigos da Confederação haviam falhado; a Constituição deu certo. O primeiro funcionou por meio dos governos estaduais; este último, em virtude do poder de tributação e de controle sobre o comércio, tratava diretamente com o povo. Mas mudanças desse tipo poderiam ter sido enxertadas na antiga Confederação sem alterar tão essencialmente seu caráter. Algo mais era necessário, e algo mais havia sido alcançado.

Uma objeção fundamental à antiga Confederação era a incapacidade do Congresso de fazer cumprir seus decretos. Remediar isso tinha sido uma das principais preocupações da Convenção Federal. A provisão mais óbvia foi o poder concedido ao Congresso "para providenciar a convocação da milícia para executar as leis da União". Mas a disposição mais significativa foi a cláusula originária de Luther Martin e modificada pela Comissão de Estilo para dizer: "Esta Constituição... será a lei suprema da nação". Não um tratado, nem um acordo entre Estados soberanos, mas uma lei. Foi uma lei promulgada pelo mais alto de todos os órgãos legislativos, o povo, e em sua aplicação o governo foi apoiado por todo o poder armado da Nação; mas o significado é que era uma lei e, como tal, era aplicável pelos tribunais.

Ainda assim, isso não foi suficiente. Mais de cem anos antes, no prefácio ao *Frame of Government of Pennsylvania*, William Penn curiosamente afirmava:

> Os governos, como os relógios, partem do movimento que os homens lhes dão; e como os governos são feitos e movidos por homens, assim eles também estão arruinados. Portanto, os governos dependem mais dos homens do que os homens dos governos.[61]

---

61 N.T. O *Frame of Government of Pennsylvania* era uma espécie de protótipo de Constituição da então colônia da Pennsylvania. Sua primeira versão, do ano de 1682, foi elaborada por William Penn, o proprietário da colônia, que a havia recebido do Rei Charles II da Inglaterra no ano anterior. Com

Por mais radicais que sejam as diferenças entre a Constituição Federal e os Artigos da Confederação, por mais abrangentes que sejam as disposições do documento posterior e por mais cuidadosamente redigidas, o fator mais poderoso para tornar o novo instrumento de governo eficaz foi a mudança de atitude do povo americano. Quando a Convenção Federal foi convocada, o comércio já estava melhorando, ainda que tal passasse despercebido. No momento em que a Constituição foi adotada e posta em prática, as melhores condições foram claramente sentidas. E assim aconteceu que, no lugar da oposição ou da desconfiança, a confiança comercial fez com que as boas-vindas e o apoio fossem estendidos ao novo governo.

Nem uma obra de origem divina, nem "a maior obra que já foi realizada em um determinado momento pelo cérebro e propósito humanos", mas um documento prático e viável é a Constituição dos Estados Unidos. Planejada para atender a certas necessidades imediatas e modificada para atender às exigências da situação, flutuou em uma onda de prosperidade comercial e foi adaptada por um povo engenhoso politicamente para atender às exigências mutáveis de um século e um quarto.

---

fundamento em um ideal de prosperidade, Penn buscou construir em sua colônia, por meio do *Frame of Government of Pennsylvania*, uma sociedade baseada na tolerância religiosa e na liberdade política.

A Editora Contracorrente se preocupa com todos os detalhes de suas obras! Aos curiosos, informamos que este livro foi impresso no mês de fevereiro de 2023, em papel Pólen Natural 80g, pela Gráfica Copiart.